Ein Buch, auf das viele lange gewartet haben. Knoblochs Erinnerungen an sein Leben zwischen den Zeilen als Feuilletonist der ›Wochenpost‹, als Autor vielbeachteter Bücher: Er erzählt von großen und kleinen Ereignissen, von den Kapriolen der Geschichte, von Zensur, Zumutungen und listigen Auswegen, aber auch von dem Glück, immer wieder gebraucht zu werden.

Mit beiden Augen: das heißt nicht einäugig, nicht einseitig schreiben. Es heißt auch: das scheinbar Nebensächliche wahrnehmen, das Widersprüchliche, Unbequeme. Es geht um den 17. Juni 1953, den Mauerbau, die Aufstände in Ungarn oder in Prag und das Jahr 1989. Es geht um persönlichen Anstand, um Hoffnungen und Zweifel; um die Entdeckung von Menschen und Biographien: Moses Mendelssohn, Mathilde Jacob, Victor Auburtin oder Paul Levi.

Dieses Buch ist der letzte Teil einer autobiographischen Trilogie. Die ersten beiden Bände, die ursprünglich unter dem Titel »Eierschecke. Dresdner Kindheit« und »Nase im Wind. Zivile Abenteuer« veröffentlicht wurden, sind im Fischer Taschenbuch Verlag vereint unter dem Titel »Mit beiden Augen. Von Dresden nach Tennessee« (Bd. 14677) erschienen.

Heinz Knobloch, 1926 in Dresden geboren, 1935 Umzug nach Berlin. Ab 1942 Lehre als Verlagskaufmann, 1943 Soldat, 1944 desertiert, bis 1948 Gefangenschaft in den USA und in Schottland. Rückkehr nach Berlin, seit 1949 als Journalist tätig, ab 1953 Redakteur bei der ›Wochenpost‹. Er lebt als freier Schriftsteller in Berlin-Pankow. Im Fischer Taschenbuch Verlag sind weiterhin seine Bücher ›Meine liebste Mathilde‹ (Bd. 12803), ›Der beherzte Reviervorsteher‹ (Bd. 12802) und ›Herr Moses in Berlin‹ (Bd. 12801) lieferbar.

Heinz Knobloch

Mit beiden Augen
Mein Leben zwischen den Zeilen

Fischer Taschenbuch Verlag

Veröffentlicht im Fischer Taschenbuch Verlag GmbH,
Frankfurt am Main, Juli 1999

Lizenzausgabe mit freundlicher Genehmigung
des :Transit Buchverlags, Berlin
© :Transit Buchverlag, Berlin 1997
Gesamtherstellung: Clausen & Bosse, Leck
Printed in Germany
ISBN 3-596-14678-X

Was ich sagen möchte und zu sagen
habe, das muß ich so ganz nebenbei,
ganz unmerklich unterbringen ...
Otto Reutter (1870–1931)

Vielleicht könnte man dieses arme
Bild dennoch liebgewinnen, wenn man
es lange betrachtete, sehr lange, und
dabei die Träume langsam den Fluß
hinunterziehen ließe ...
Theodor Herzl (1860–1904), 1893

Ich stelle fest, daß ich bei Dingen
nicht mehr zuhöre, die andere
Leute ernst nehmen.
Joseph Heller, »Endzeit«, 1994

Inhalt

Gleich vorweg	9
Wendezeiten	11
Wer weiß wo warum?	13
Erster Satz	15
Geschichts-Zeilen	16
Mein 1000-Mark-Anzug	18
Kotikows Mittagessen	21
Denkzettel? Dankzettel?	21
Immer ahnungslos	22
Letzter/Erster	24
Ziehen an der Kette	25
Wiedersehen	28
Volontär	29
Halbfett mein -och	31
Lokales	33
»Berliner Zeitung, guten Tag«	35
Bahnhof Zoo	38
Redakteur bei Illus	39
Internationale Artistenloge	41
Nach Feierabend	43
Ungebetene Besucher	45
Geglaubte Zukunft	48
Die Partei	49
Keine Flitterwochen	55
Pressekonferenzen	56
Jener 17. Juni	59
Mein erster Chefredakteur	64
Redaktionsproletariat	66
Ein Kind jenes 17. Juni	67
Redakteur und Fernstudent	71
Günter Stillmann	74
Noch einmal Hans Ernst	76

Politisches Feuilleton?	78
Ein Feuilleton, das ist?	79
Mir gegenüber	81
Zimmermannssplitter	83
Otto Braun = Otto Braun?	86
Mein 13. August 1961	89
Redaktions-Allerlei	92
Was tun, wenn die Stasi kommt?	95
Melde gehorsamst, Herr Oberlajtnant	100
Für die Menschen	104
Gestrichenes	108
Dieses und jenes	112
Orden und Medaillen	115
Nicht Geschriebenes	117
Mein 7. Oktober 1989	119
Mein 9. November 1989	120
»Herr Moses« und andere	121
Dankzettel	125
Personenregister	127

Gleich vorweg

Auf der hinteren Klappe des Schutzumschlags von »Stadtmitte umsteigen« hatte es 1982 geheißen: »Vermutlich wird Heinz Knobloch keine Memoiren schreiben. Schon mehrfach hat er in seinen Büchern aus seinem Leben erzählt.« Wer denkt schon in jüngeren Jahren an spätere Erinnerungen, zumal gar nicht alles hätte erwähnt werden dürfen. Bereits aus »Stadtmitte« war das Kapital über den Mauerbau entfernt worden.

Mittlerweile habe ich in den Vor- und Nachbemerkungen zu wieder aufgelegten Büchern und in den im :Transit Verlag erschienenen vier Bänden eine Menge erzählt.

Hier gebe ich Auskunft über mein Berufsleben. Wie ich endlich zur Zeitung kam, Zeitung machen durfte und sogar eine eigene Rubrik bekam für zwei Jahrzehnte. Sie hieß »Mit beiden Augen«. Wie dieses Buch.

Wendezeiten

Unsereins wird gern gefragt, wie er »Die« Wende erlebt, bewältigt, überstanden und so weiter habe.

Es gab bei mir mehrere.

Ich bin am 1. April 1932 eingeschult worden. Da war der Reichspräsident von Hindenburg das Oberhaupt aller Deutschen. Morgens wurde gebetet und beinahe täglich ein Lied aus dem Gesangbuch gemeinsam gesungen. Auf meinem stand in Goldschrift 1888, worauf ich mächtig stolz war. Keine Ahnung vom Dreikaiserjahr der Deutschen. Aber der Lehrer hätte es wissen müssen. Und es uns wie ein Märchen erzählen können. Ja, die Großmutter hatte dieses Gesangbuch zu ihrer Konfirmation bekommen.

Ein reichliches Jahr später entfiel diese Einstimmung in den Tageslauf. Es hieß nun: »Wir grüßen jetzt mit dem Deutschen Gruß!«, mit dem Hitlerschen, dem erhobenen rechten Arm.

Das war meine erste Wende.

Als ich mit siebzehn Jahren mich längst vom Krieg abgewendet hatte, holte er mich dennoch, und bevor ich mich 1944 achtzehnjährig in der Normandie endlich selber von Hitler und seinem Krieg befreit hatte, als deutscher Kriegsgefangener in den USA lebte, bot der Neujahrstag, der 1. Januar 1945, in Camp Reynolds, Pennsylvania, bei leichtem Schneetreiben wiederum das besondere Erlebnis einer Wende: Captain Sheppard, der US-Lagerkommandant, der meinem deutschen Feldwebel Jansen ähnlich sah wie einem Bruder und sich auch so benahm, jener ließ uns den Hitlergruß üben. Wie das? Als Wehrmachtsangehörige grüßten wir, wie uns eingedrillt, durch Anlegen der rechten Hand an die Kopfbedeckung. Diese Ehrenbezeigung war nach dem Attentat auf Hitler abgeschafft worden. Nun galt für alle Deutschen der Hitlergruß. Washington übernahm das im Sinne der Genfer Konvention. Ein Glück, daß wir nicht noch »Heil Hitler« rufen mußten.

Dieser Gruß verschwand mit der bedingungslosen Kapitulation. Nun mußte jeder amerikanische Offizier wieder mit Handanlegen an die Kopfbedeckung gegrüßt werden, was bei einigen Langsamdenkenden, die ja das Fundament jeder Armee, und besonders der jeweils deutschen bilden (soweit ich das beurteilen kann, und ich kann es beurteilen), zu Irrtümern führte, für die sie nach US-Armeevorschriften mit geschnittener Glatze und achtundzwanzig Tagen Arrest zu büßen hatten.

Im Februar 1948 aus Schottland heimgekehrt, repatriiert hieß das, und endlich aus der durch uns immer noch existierenden Wehrmacht entlassen, verwunderte mich zunächst der Sprachgebrauch. In Berlin sagte man »Umbruch«. Wir kannten nur das zutreffende »bedingungslose Kapitulation«.

Als mit der Währungsreform im Juni 1948 der kalte Krieg auf beiden Seiten seine Form annahm, tauchten neue Begriffe auf in Presse und Rundfunk; Fernsehen gab es zum Glück noch nicht.

Verblüffend auch, da waren noch Melodien, mir vertraut aus Schulkindtagen. Es lag am Text. Waren es vordem »Brüder in Zechen und Gruben« gewesen, hieß es nun für die Brüder »zur Sonne zur Freiheit«. Das war wohl die ältere Fassung.

»Unser kleiner Trompeter« blies wieder für Rot Front. Wer war vormals ein »lustig Hakenkreuzlerblut« gewesen? Wer hatte wem die Melodien geklaut? Offene Fragen.

Schlimme Wiedergeburt waren die Fanfaren. Die hatten das Kriegsende überlebt in irgendwelchen Depots. Man denkt immer, eine Kapitulation sei gründlich. Das stimmt nicht, wie unsereins hätte wissen müssen aus der Kindheit. Der Erste Weltkrieg, gerade weil verloren, war anwesend. Militärisch durch allerlei, aber auch in den Erinnerungen der Familie an Entbehrungen, Kohlrübenwinter und vermißte Ehemänner, darunter sehr viele, die es erst hätten werden sollen.

Für mich hatten die Fanfaren getönt »Vorwärts, vorwärts, schmettern die hellen Fanfaren« – die Anführer haben immer Sprachprobleme. Der letzte Staats-Chef, heißt es, der seine Muttersprache beherrschte, sei Julius Cäsar gewesen.

Daß diese Lärmtuten im Osten nicht vernichtet worden waren, machte mich skeptisch. Doch im Westen regte sich das Alte stärker. Die alten Richter, die alten Lehrer waren geblieben. Die SS traf sich ganz offen. War ich diesem Übel vergeblich davongelaufen? Also entschied ich mich, zumal ich über zwei Monate in West-Berlin vergeblich nach Arbeit gesucht hatte, für Ost-Berlin, weil ich dort welche bekam.

Wer weiß wo warum?

Die Straße, die ich nur als Saarlandstraße kannte, hieß jetzt Stresemannstraße; den kannte ich nicht. Woher auch?
Wie immer muß man sich das meiste im Leben selber beibringen.
In der Stresemannstraße standen die Schwarzhändler mit Taschen und Köfferchen, boten mit leiser Stimme an. Einer zeigte verlockenden Pflaumenkuchen. Als ich das meiner Mutter erzählte, antwortete sie: »Möchtest du den etwa essen?« Sie hatte keine Zutaten, um uns einen zu backen. So erinnerten wir uns bloß an ihre Kuchen vorm Kriege.
Die Schwarzhändler sagten: »Ost gegen West«. In einem Verhältnis, das wechselnd unzumutbar schien, es sei denn, jemand brauchte etwas dringend für ein krankes Kind. Wer sich aber leisten konnte, was er wollte, kam weder anbietend noch nachfragend zum schwarzen Markt.
Als ich heimgekehrt war, fehlte vieles im Bücherschrank. Mein Vater hatte mit hungrigem Magen allerlei verkauft. Wie kann ich es ihm verübeln?
Es gab in der Stresemannstraße etliche aus Zeltplanen oder mit gestapelten, geputzten Ziegelsteinen errichtete Lädchen. An einem stand »Uri Uri«; so hatten die Russen ihre Beute abgefordert. Hatte nicht Ende Juli 1944 ein US-Sergeant Minuten nach unserer Gefangennahme in der Normandie uns nach Uhren gefragt?
West-Berlin endete an der Köthener Straße vor dem zerstörten »Haus Vaterland«. Das war ein oft den Touristen empfohlenes Restaurant gewesen, mit Rheinterrasse, künstlichem Gewitter, wie die Eltern am Sonntag erzählten. Eines erwachsenen Tages würde ich dort hingehen dürfen. Bei normaler Entwicklung.
Ich ging 1940 als Vierzehnjähriger hin. Denn dort gab es auch ein großes Kino. Ich wollte den »Rembrandt«-Film ansehen. Zuvor wurden in der »Deutschen Wochenschau« die neuesten Siege gezeigt. Das Fort Eben Emael war von deutschen Fallschirmjägern er-

obert worden, auf Rotterdam fiel ein Bombenhagel. Die Sturzkampfflieger warfen mit Sirenengeheul ihre Ladung ab. Und nach kurzer Pause: »Rembrand« mit Ewald Balser.

War diese Kombination dem Propaganda-Ministerium entgangen? Oder wurde sie so ausgeklügelt eingesetzt?

Mir entging das. Damals. Blieb aber gehirngeheimnisvoll haften und meldete sich später, viel später. Mag sein, daß Anne Frank damit zu tun hat. Und die oft gezeigten Bilder der Zerstörung. Mir blieb von diesem Kino-Nachmittag eine der wohl letzten Szenen: Da tritt der alte Rembrandt kurz vor seinem Tode noch einmal vor sein Altersbild, mustert es kritisch und sagt: »Ich habe nicht umsonst gelebt.«

Was für ein Anspruch! Dem wollte ich folgen! Was wußte ich davon, daß ich längst zum kriegerischen Verbrauch bestimmt war?

Ende 1948 stand dort an der Grenze ein Schild und verkündete das Betreten des »Demokratischen Sektors«. So wurde Ost-Berlin damals genannt, amtlich, auch wenn das den anderen Demokraten nicht gefiel. Jeder, der die Macht hat, benennt sein Territorium. Ich vervollständigte damals meine Witz-Sammlung, die ich schon als Fünfzehnjähriger begonnen hatte, indem ich Aufsatz- und Vokabelhefte zuklebte mit aus Zeitungen geschnittenen Bildwitzen. Um 1942 gab es den italienischen Marc Aurelio, der zweisprachig als Bündnispartner in Deutschland erschien. Die erste Zeitung, die ich abonnierte. Es sind sieben beklebte Schulhefte, die tatsächlich das Kriegsende überstanden haben. Hätte ich nur anderes Papier genommen. Heute wäre aussagekräftiger die rote »V« unter den Lateinarbeiten. Doch nach wie vor sind die Pointen schön und die Zeichnungen gleichfalls.

1948 fing ich einen Band an, im Großformat. Hörte aber bald wieder damit auf. Zeitmangel? Hierher jedenfalls paßte daraus situationsbezogen zu den Schwarzhändlern: Ein Kind fragt die Mutter: »Ist Schokolade ein unanständiges Wort?« ??? – »Weil der Onkel das so flüstert.«

Erster Satz

Ich fand die Bezeichnung scheußlich: »Bürohilfskraft«. Hätte »Bürokraft« genügt? Aber ich hatte endlich Arbeit. Ähnlich ungut, jedoch besser, fühlte ich mich, als ich »Hilfsredakteur« genannt werden konnte.

Der erste Morgen bei Illus. Wie oft hatte ich irgendwo angefangen, war in verschiedenen Abteilungen vorgestellt worden als »der Lehrling«, war rot geworden, als in der Buchhaltung ein älterer Herr mit diebischem Vergnügen die mit unserem Ausbildungsmonat beauftragte junge Dame fragte: »Ah, Sie sind jetzt der Lehrkörper der jungen Herren?«

Das Vorgestelltwerden, das Namen hören, sofort vergessen, Handgeben. Dieser erste Morgen als Neuer. Das kennt jeder. Und die zehn Minuten vor Feierabend, wenn man merkt: Da waschen sich welche schon die Hände, darf man das auch, oder muß man dazu erst ein Jahr hier sein?

In diesen letzten Minuten vor Feierabend tauchte der Abteilungsleiter neben mir auf, gab mir die Hand und sagte: »Na, schon ein bißchen eingelebt am ersten Tag?« Ein ungeahnter Satz. Den hatte noch nie jemand zu mir gesagt. Bisher hatten die Chefs nur die anderen gefragt: »Na, wie macht sich der Neue?!«

Er hieß Julius Grau und war damals 53 Jahre alt. Mittelgroß, mit Halbglatze. Woher sollte ich wissen, daß er als Jude gerade noch nach Shanghai entkommen war, dort Schilder malte statt Bilder, für die er begabt genug war. Ein sehr leiser Mensch, der noch leiser sprach. Bedächtig und wohl zu langsam für den aktuellen Betrieb, aus dem er auf ein Altenteil geschoben wurde.

Später hielten wir Verbindung. Besuchten ihn, der seine Wohnung häufig wechselte, weil ihn immer etwas störte. Er fand nie mehr eine Gefährtin. Viel aus seinem Leben erzählte er nicht. Verschenkte vor jedem Umzug Bücher, gelangte schließlich in ein funkelnagelneues Altersheim, wo er wegen seiner Vergangenheit sogar ein Einzelzimmer bekam. Auch das war nicht ideal. Er versuchte, sich umzubringen. Als er erwachte, glaubte er sich im Himmel, umgeben von sanften, blau-weiß (die Farben Israels) gekleideten Frauen – es waren die Krankenschwestern.

Julius, ein Eigenbrötler, fuhr gern in die Sächsische Schweiz, wohnte in Pirna, wanderte dort in den Wäldern und hängte, wenn er wieder nach Hause wollte, seinen Wanderstock an irgendeinen Baum. Kaufte sich nächstes Mal einen neuen.

Er trug meist eine Baskenmütze. Wir dachten, weil ihm kühl war auf seinem kahlen Schädel – doch mag es sein Judentum gewesen sein, das er nicht verleugnete, über das er auch nie sprach. Die Baskenmütze verriet einen nicht, war damals modern.

Eines Tages verließ Julius das Altenheim, stärkte sich monatelang durch einen Landaufenthalt und zog nach Dresden in ein Hotel. Unterstützt von einem Kulturhaus, wie das damals hieß, wollte er mit seinen Fotos, Zeichnungen und Bildern zu guter Letzt eine Einzelausstellung aufbauen, gleich nach Neujahr 1981. Er war damals 85. Uns schrieb er zum neuen Jahr, daß wir angesichts der Zeiten »die Menschenwürde hochhalten möchten. In diesem Sinne – letzter Gruß von Eurem alten Jul. Grau.«

Wir hörten nie wieder von ihm. Unvergessen sein Satz, den ich mir 1970 notierte: »Jetzt träume ich jedes Jahr nur noch zweimal, daß mich die SS abholt.«

Geschichts-Zeilen

Neueingehende Bildsendungen, ob von außerhalb oder von eigenen Fotografen, bekamen eine Nummer im Eingangsbuch. Sie war mittlerweile sechsstellig, denn Illus hatte zwar nicht das ganze Bildarchiv des Scherlverlages, aber einen großen Teil übereignet bekommen von der sowjetischen Besatzungsmacht. Im Porträtarchiv fehlte, falls ich mich recht erinnere, der Buchstabe S aus wer weiß was für Gründen.

Hin und wieder war ich an der Reihe, eine neue Serie mit der Nummer im Eingangsbuch zu versehen. Mit Stichwort. »Kartoffellieferung« oder »Razzia Schwarzmarkt«, genau weiß ich es nicht, weil ich nie im Archiv tätig war, dessen Leiter mich dringlich aufforderte, meine aus der US-Gefangenschaft mitgebrachte 7 (ohne Querstrich) sofort zu unterlassen, weil sie mit einer 1 verwechselt werden konnte, und die einst in der Schule erlernte deutsch 7 (mit

Querstrich) zu verwenden. Es wurde alles, bis auf die Bildtexte, mit der Hand geschrieben.

Jedes Foto bekam seinen Vortext, der allgemeine Angaben über das Ereignis bot: »... wurde eine Fliegerbombe entschärft« und darunter UBz: (Unser Bild zeigt:) »Berliner Einwohner bedanken sich beim Sprengmeister«. Etwa so.

Die Bildreporter sollten die Namen mitbringen, was sie oft in der Eile vergaßen. Außerdem hieß nicht jeder einfach Müller oder Schulze. Eines Tages, vielleicht aus Neugier und Langeweile, blätterte ich im Eingangsbuch und fand die Seite vom April/Mai 1945.

Ich war zu dumm, um sie mir abzuschreiben. Oder sie später, solange ich dort tätig war, fotografieren zu lassen. Oder kopieren, was bis 1990 auch noch möglich gewesen wäre. Nun gehört alles dem Bundesarchiv in Koblenz; und ich weiß nicht, wie viele Genehmigungen und Rechnungen für mich mit dieser Seite aus dem Eingangsbuch verbunden sein würden, falls sie zugänglich wäre.

Was mich an dieser Seite so berührte, waren ein paar leere Zeilen.

Zuvor, Mitte und Ende April, stand dort – und mangels exakter Angaben phantasiere ich: »Volkssturm im Kampf um Berlin«, »Zerstörte Sowjetpanzer« und ähnliches. Dann die Leerzeilen.

Anfang Mai, von anderer Hand geschrieben: »Aufräumungsarbeiten«, »Sowjetsoldaten verteilen Brot« und anderes. Das alte Mütterchen, das in den Geschichten fürs Volk zuerst am 6. Juli 1415 auftaucht, als es aus seinen kärglichen Vorräten einen Holzspan als Beitrag zur Vernichtung des Antichrist in den Scheiterhaufen schiebt, auf dem Jan Hus verbrannt wird. Das alte Mütterchen, das 1917 »Gold für Eisen« gibt und 1943 in Stalingrad seinen Sohn »in stolzer Trauer« dem Vaterland opferte und sich beim »Kampf um Berlin« eine Panzerfaust geben ließ, um den Bolschewismus zu besiegen, löffelt Mitte Mai 1945 gerührt warme Suppe aus dem Kessel der Befreier: Dank euch, ihr Sowjetsoldaten.

Dann kam es darauf an, ob sie tapfer die Blockade Berlins überstand oder den Mauerbau begrüßte. Als erste Wählerin vorm Wahllokal in Ost-Berlin den Blumenstrauß bekam, um ihn am Vormittag vor einem Friedhof an West-Berliner Besucher zu verkaufen. Gleichzeitig erschien sie mit Besuchserlaubnis und Geschenktüte am Übergang Oberbaumbrücke.

Heute antwortet das alte Mütterchen, oft als elegante Rentnerin am Kurfürstendamm, ins Fernsehmikrophon genau das, was die Regierung und die verantwortlichen Redakteure brauchen als Volkes Stimme.

Höre ich vom ewigen Leben, fällt mir sofort das alte Mütterchen ein.

Was aber die leeren Zeilen im Eingangsbuch angeht – die Politiker sprachen alle von der neuen Seite, die im Buch der Geschichte aufgeschlagen wurde mit dem 8. Mai 1945.

Es waren, wie immer, nur ein paar ausgelassene Zeilen.

Mein 1000-Mark-Anzug

Wir deutschen Kriegsgefangenen in den USA konnten uns ein Sparkonto anlegen. Trust Fund. Mancher Nichtraucher oder an Bescheidenheit Gewöhnte legte sich auf diese Weise etwas zurück, das er nach seiner Heimkehr gut würde brauchen können. Es gab etliche Familienväter. Außerdem spielten wir abends in unseren Baracken um Geld. Pokerrunden, auch 17 und 4, das in den amerikanischen Spielhäusern Blackjack heißt. Ältere kannten noch »Meine Tante, deine Tante« aus Weimarer Jahren und andere »verbotene Glücksspiele«, kurzum, das auf Papier gedruckte Lagergeld, halb so groß wie heute die länglichen Sonderbriefmarken, wechselte die Besitzer.

Kurz bevor wir im Mai 1946 die USA verlassen mußten, wurde uns ein Scheck ausgehändigt – der erste meines Lebens – mit der exakten, von jedem eingezahlten Summe. Die würde die United States Bank auszahlen bei Vorlage. Ich hatte 700 Dollar und ein paar zerquetschte, wie man so sagt, und hütete den Scheck in den folgenden Schottlandjahren. Wußte, mit Dollars läßt sich einiges anfangen. Das hatten die Eltern erzählt aus ihren jungen Jahren nach dem Ersten Weltkrieg, den Jahren der Inflation, bei der sie und ihre Eltern das meiste Ersparte verloren hatten. Wie oft eigentlich büßt der Mensch im Leben durch eine Währungsreform?

In Berlin, im Februar 1948, als ich die Runde machte bei den verschiedenen Meldestellen und irgendwo 48 Reichsmark bekam für mein weiteres Fortkommen als Heimkehrer, wurde uns eingeschärft, den US-Scheck möglichst bald einzulösen. Warum denn? Ich hatte nichts anzuziehen, außer meiner abgeschabten britischen Armeekleidung, mit der ich entlassen wurde. Die Sachen, aus denen ich siebzehnjährig in Hitlers Uniform umsteigen mußte, hätten längst nicht mehr gepaßt. Außerdem waren sie mitsamt allen Koffern aus unserem Luftschutzkeller gestohlen worden.

Um zwei oder drei Ecken hatte meine Mutter eine Adresse erfragt. Seinerzeit half man noch einander. Eine Schneider-Firma Jakobs in der Schönhauser Allee, gleich vorn, in einem der Hinterhäuser – da könnte man einen Anzug ...

Ich erschien bald. Erster Hof, oder war es im zweiten? Obergeschoß. Laut und warm. Viele Frauen über ratternde Nähmaschinen gebeugt. Ich fragte mich durch zum Herrn Jakobs. Der war wohl verständigt worden oder solchen Besuch gewohnt. Kein Maßnehmen, nur ungefähr meine Größe, ja, Ende März. Kommen Sie wieder vorbei.

Ende März war noch nichts. Sie nähten dort mit unendlichem Eifer Reparationsanzüge »für die Russen«. Von »Sowjetmenschen« war noch nicht die Rede. Oder gar liebedienerisch von »den Freunden«, wie es sich die Abteilung Agitation im ZK der SED später ausgedacht hatte. Nur bei uns sprach keiner so. Es gab keine feindseligen Gefühle gegenüber der UdSSR, eher Besorgnis oder Mitleid wegen ihrer wirtschaftlichen Rückständigkeit, unter der die seit ihrer Gründung 1949 an Bündnisse gefesselte DDR langsam zugrunde ging.

1948 erfuhr ich näher, wie sich das Kriegsende in Berlin abgespielt hatte. Die Fassungslosigkeit, mit der Ende 1946 in unserer Baracke im Camp nahe Glasgow einer den ersten Brief seiner Frau aus Berlin gelesen hatte, mit der Mitteilung, sie sei vergewaltigt worden.

Das blieb haften in Berlin. Mein Vater sagte, als ich heimgekehrt war: »Die Berliner hätten die Russen beim Einmarsch begeistert umarmt, wenn sie nicht auf die Frauen ...« Meine Mutter erzählte, eine bei Kriegsende fast siebzigjährige Hausbewohnerin hätte ihr berichtet, wie sie von einem Russen zwischen die Trümmer gezogen worden sei. Hinterher habe er ihr ein Foto von seiner Frau und den Kindern gezeigt.

Als die stets randvoll mit Witzen gefüllte DDR in der Nacht zum 3. Oktober 1990 verschwand, verabschiedete sie sich mit: Was ist der Unterschied zum 8. Mai 1945? Antwort: Diesmal haben die Sieger unsere Frauen nicht vergewaltigt.

Ende April 1948 kassierte ich vorsorglich meinen amerikanischen Scheck. Bekam dafür etwa eintausend Reichsmark, die ich verstaute. Denn soviel, sagte Herr Jakobs, würde mich der Anzug kosten. Sozusagen nebenher angefertigt, illegal, also schwarz, obgleich in Grautönen. Er war nur noch nicht fertig. Kommen Sie in zwei Wochen wieder. Oder rufen Sie an. So ging das einige Male. Immer vergeblich. Wieder schlängelte ich mich zwischen den Näherinnen hindurch. Der ungebetene Kunde!

Dann, am 20. Juni, wie ein Schlag die Währungsreform.

Zuerst im Westen, dann bei uns mit auf die Geldscheine geklebten Marken. Es war die vorweggenommene Mauer von 1961, nur war sie aus Deutschmark. Wieder standen die Menschen Schlange nach ihrem Geld. Ich war eingeteilt, in der im Verlag eingerichteten Wechselstelle zu helfen. Beim Zählen, Bündeln, Abfertigen. Ich hatte noch nicht einmal mein erstes Gehalt bekommen, die 150 Mark als Bürohilfskraft.

Als ich beunruhigt bei Herrn Jakobs in der Schönhauser Allee erschien, ließ er mich in einen Anzug steigen. Der paßte. Was paßte damals einem schlanken Menschen nicht?

Und dieser Herr Jakobs nahm Tage nach der Währungsreform von mir noch meine ungültigen eintausend Reichsmark entgegen, verlangte mit keinem Wort das neue Geld. Was auch immer aus Herrn Jakobs geworden sein mag, dankbar nenne ich hier seinen Namen.

In diesem hellgrauen Anzug sah ich für alle anderen Menschen aus wie ein Gewinnler der Währungsreform. Wer trug damals funkelnagelneue Kleidung?

Der Stoff aber, wenn man ihn besah und anfaßte, hatte die Qualität von Scheuerlappen. Bügelfalten vergingen wie von selbst. Kurze Zeit später bin ich in diesem neuen Anzug fotografiert worden, bei einem Betriebsausflug des Berliner Verlages. Ob die im Sowjetland mit diesen Anzügen Versorgten glücklich gewesen sind? Das Zeug hielt nicht lange.

Zuweilen wurden Statistiken veröffentlicht, heute kaum noch, wie lange in welchem Land der Arbeitnehmer genannte Arbeiter für einen Kühlschrank schaffen muß, für eine Waschmaschine, für ein Auto. Da fällt mir manchmal mein erster Nachkriegsanzug ein.

Kotikows Mittagessen

Eines Tages im Sommer 1948 befahl der sowjetische Stadtkommandant Kotikow, daß alle in seinem Sektor Tätigen ein warmes Mittagessen bekommen müßten. Selbstverständlich konnte sich das der Generalmajor nicht aus der eigenen Tasche leisten. Aber das interessierte höchstens seine westalliierten Kollegen.

Dieses warme Essen in den Betriebskantinen hieß im Volksmund »Kotikow-Essen«. Mein Vater sagte: »Damit hat er seinen Namen unsterblich gemacht!«

Der damals 46jährige war bis 1950 Berlins Stadtkommandant. So blieb ihm der 17. Juni 1953 erspart. Alexander Kotikow, der 1965 zum Ehrenbürger Berlins ernannt worden war, starb 1981 in seiner Heimat. Im Bezirk Friedrichshain bekam der Petersburger Platz ein Jahr später den Namen Kotikowplatz. Wegen jenes warmen Mittagessens, an das sich heute nur noch alte Leute erinnern, wenn sie vom Hunger erzählen und von den knappen Lebensmittelzuteilungen.

Die Geber neuer Namen befahlen 1991 die Rückbenennung in Petersburger Platz. Wie zu erwarten, ist Kotikow auch als Ehrenbürger gestrichen worden.

Denkzettel? Dankzettel?

Jeden Morgen um acht mußte ich das Verlagshaus betreten haben, was mir nicht immer gelang. Da ließen sie einmal in der sonnigen Frühe, weil der Spätkommer zu viele waren, vom Pförtner deren Hausausweise einsammeln. Wir mögen so an die vierzig gewesen sein. Im Laufe des Vormittags klingelten überall die Telefone. Einer nach dem anderen wurde in die Personalabteilung bestellt, um seinen Hausausweis zurückzuerhalten, eingehüllt in eine Strafpredigt des Personalchefs, die jeder, ohne erst unglaubhafte Entschuldigungen vorbringen zu können, anzuhören genötigt war.

Da rief man auch mich ans Telefon. Die kleine Schwarzhaarige aus der Personalabteilung meldete sich. Ich kannte sie bloß vom Sehen, sie mich bis tief in meinen Fragebogen und vom Russischzirkel, wo ich sie manchmal von der Seite besah und immer dachte, sie sei bestimmt so kompliziert wie die Buchstaben – die kleine Schwarzhaarige aus der Personalabteilung war am Apparat und sagte leise: »Ich hab Ihren Ausweis. Den gebe ich Ihnen beim Mittagessen.«

Ich fand das zum Küssen und tat das später auch.

Das sind die kleinen menschlichen Gesten, die einer am anderen begeht. Und erfährt er sie an sich selbst, so ist er verpflichtet, sie weiterzugeben. Dadurch werden ungeheure Mengen an Denkzetteln gespart. Oder Abmahnungen, wie es heute heißt.

Immer ahnungslos

Einschlägigen Büchern entnehme ich, daß es am frühen Nachmittag des 6. September 1948 gewesen sein wird, daß mich unser freundlicher Gewerkschaftsmann Kappel, dessen in der Küche tätige Mutter auch mir oft einen Nachschlag gab vom Kotikow-Essen, in die Parochialstraße schickte zum Neuen Stadthaus: U-Bahn »Klosterstraße«. Er sagte aber nicht, was ich dort sollte. Wußte es vielleicht selber nicht. Hatte wahrscheinlich einen Anruf bekommen von der Gewerkschaftsleitung, jemanden dorthin zu schicken. So wie beim Militär Kaffeeholer eingeteilt werden.

Ich freute mich über die Abwechslung. Sah mich bald hinter einer Menschenmenge, in die ich eindrang aus lauter Neugier; war ich denn nicht wenigstens im Innern ein Stück Reporter? Ein Teil der Leute drängte in das Neue Stadthaus, das ich nicht einmal dem Namen nach kannte.

Es gibt ein Foto. Von oben aus dem Haus gegenüber aufgenommen. Es zeigt die Vielzahl der Demonstranten vor dem Tor. Die meisten mit Hut. Der eine mit der Baskenmütze, der bin ich. Und war, wie ich heute lese, einer der »kommunistischen Demonstranten« gewesen, die »das Stadthaus besetzten und die Stadtverordnetenversammlung an der Fortsetzung der Sitzung hinderten«. Wenn ich nur gewußt hätte, was Stadtverordnete sind?

Jedenfalls gelangte ich drängelnd Schritt für Schritt in den ersten Stock, wo ausgerechnet mich im Foyer der Bauch eines Mannes stoppte, der fortwährend wiederholte: »Es findet keine Sitzung s-tatt!« Es war, wie ich später rekonstruierte, Otto Suhr. Der Stadtverordnetenvorsteher.

1955 wurde er Regierender Bürgermeister, starb schon mit 63 Jahren. Eine lange Allee ist nach ihm benannt.

Wenn keine Sitzung stattfindet, dachte ich, und wußte noch nicht einmal, was für eine, dann gehst du wieder. Und so wendete ich mich ab von dem Bauch des Verkünders, drängelte die Treppe hinab, ging zum U-Bahnhof »Klosterstraße« und fuhr nach Hause.

Ohne zu wissen, daß auch ich einerseits die Arbeit von Magistrat und Stadtverordnetenversammlung »lahmgelegt« hatte, als »von der SED gelenkter« Demonstrant, andererseits den Weg zu einer Außerordentlichen Stadtverordnetenversammlung geebnet – jedenfalls habe auch ich damit in West-Berlin Ernst Reuter ermöglicht und in Ost-Berlin Friedrich Ebert.

Heute weiß ich, daß von überall her solche wie ich und vor allem besser Orientierte in die Parochialstraße 1–3 geschickt worden waren. Hätte mir jemand gesagt, ich solle »Wir sind ein Volk« rufen, ich hätte es getan.

Jedenfalls »wichen die nicht-kommunistischen Stadtverordneten« in den Westteil der Stadt aus, doch außer den SED-Stadtverordneten blieben viele von der CDU, LPD und die Nationaldemokraten (NDPD) im Osten und wählten als Demokratischer Block am 30. November 1948 in »Außerordentlicher Stadtverordnetenversammlung« den neuen Oberbürgermeister. Der hieß Friedrich Ebert und war der Sohn des früheren Reichspräsidenten gleichen Vornamens. Friedrich der Jüngere ist 1933 auf einem der ersten Fotos aus dem Konzentrationslager Oranienburg als Häftling der Nazis zu sehen. Bis zu seinem Tode 1979 hatte er in der DDR viele Ämter inne. Ich hörte ihn bei mancher Gelegenheit reden. Im Unterschied zu den meisten Ablesern von Fertigteilen beherrschte Ebert seine Muttersprache, und man konnte ihm folgen.

Letzter / Erster

Es gab im Berliner Verlag eine Betriebszeitung, die hieß »Der Ansporn«. Als Wandzeitung gedruckt. Nun sollte sie als richtige Zeitung erscheinen, vier Seiten Umfang. Ihr Redakteur war bisher unser Redakteur beim Illus-Bilderdienst, Rudolf Greiser. Da sich nun durch die erwähnte Spaltung der Stadt vieles änderte, Leupold wurde Verlagsdirektor, Greiser Parteisekretär, wurde mir Parteilosem die Leitung des »Ansporn« übertragen. So war ich fast am gleichen Tage der Letzte in der »Berliner Zeitung« und der Erste beim »Ansporn« geworden, in dessen Impressum ich stolz meinen Namen setzte und einen Leitartikel schrieb. Er kam aus ehrlichem Herzen.

Ich weiß nicht, ob es die »Ansporn«-Jahrgänge gesammelt gibt. Die Wende im Berliner Verlag hat 1990/91 außer der Redaktionsbibliothek auch das Haus-Archiv entsorgt. Dort war mancherlei gesammelt worden.

Meine Beiträge habe ich in einer Mappe eingeklebt aufbewahrt. Andere leben in der Erinnerung. Unter der Überschrift »Mädchen mit Marmeladenfingern« hatte Paul Kanut Schäfer, später ein Schriftstellerkollege, über Unappetitliches in der Betriebsverkaufsstelle geschrieben. Paul Haupt, seit 1949 riß unsere Verbindung nicht ab, war in der Bildredaktion der Berliner Zeitung und bei uns im »Ansporn«. Er wurde später Auslandskorrespondent in Prag, über das er ein tschechisch-schönes Buch schrieb, und später in London. Wir sind nach wie vor zum Essen verabredet.

Begierig, allem Neuen, wie es hieß »zum Durchbruch zu verhelfen«, sollte ein Foto ins Blatt. Es zeigte weißbeschürzte Serviererinnen. Solche Bilder lieferte massenweise die sowjetische Agentur SNB an Illus zur Verbreitung. Diesmal nicht nur das Dorf, sondern das ganze Land des Genossen Potemkin. Es wurde gern mit dem Blick auf die erwünschte Zukunft geglaubt.

Leupold verhinderte den Blick auf die sowjetischen Kellnerinnen. Er wußte Bescheid, sagte es nur nicht.

Ich las sorgsam Korrektur, ohne daß jemand mich vor Heimtücken gewarnt hätte. Entdeckte »der Marxismus ist unser Leitfaden«, auch daß wir anstatt »viel Unnötiges zu vermeiden« es »erreichen« sollten. Solche Fehler im Blatt konnten einen ins Gefängnis bringen, wie es Hugo Polkehn 1953 nach Stalins Tod erging, als er in der »Tribüne« für solche Art Fehler verantwortlich gemacht und verurteilt wurde.

Ich, ohne jegliche Redaktionspraxis im Alltag, war naiv.

In dieser Zeit um 1950, als die Förderung der Frauen begann, tauchte die erste Setzerin auf. Und wurde boykottiert und gemieden. In der Betriebszeitung sollte ein Beitrag über sie erscheinen, mit Foto, denn war es nicht irgendwie schwachsinnig, daß im Schreibzimmer für die Redakteure nur Frauen die Texte in die Maschinen hämmerten, während die Setzer nur Männer duldeten seit Gutenbergs Zeiten?

Unser schöner Artikel über die weibliche Setzerin flog hinaus. Auch sie blieb kaum länger. Leupold sagte: »Ich kann deswegen keinen Streik riskieren! Die Berliner Zeitung muß erscheinen!«

Im nachhinein bemerkenswert: Lange vor dem 17. Juni wird befürchtet, daß die von Ausbeutung befreite Arbeiterklasse streikt. Jedenfalls bei den Maschinensetzern ist die führende Partei kompromißlos unterlegen.

In der Männerwelt der Linotypesetzer gab es einen, der verkaufte an seiner Maschine zum Schwarzmarktpreis die sowjetische Zigarettensorte »Hundekopf«. Ihr russischer Name ging nie in meinen.

Ziehen an der Kette

Den Satz werden einige mißverstehen. Nicht die Ketten sind gemeint, von denen unsereins befreit worden sein soll anno 1990; gleichfalls handelt es sich nicht um jene Ketten, von denen der alte Marx meinte, die Arbeiter hätten außer ihnen nichts zu verlieren. Was wußte er von Krediten, Werkswohnungen und abzuzahlenden neuen Autos?

Meine Kette ist literarisch.

Ich hatte mich damals an eine Ilse herangemacht. Die war Sekretärin im Parteibüro des Verlages, zu mir freundlich, mochte mich wohl auch, jedenfalls kamen wir uns näher und ziemlich nahe bei den, wie das hieß, Landeinsätzen am Wochenende in Pfaffendorf, nahe am Scharmützelsee gelegen. Dort war eine MAS entstanden, was Maschinen-Ausleihstation bedeutete, später Maschinen-Traktoren-Station, MTS. Vorläufer der Landwirtschaftlichen Produktionsgenossenschaften. Unser Verlag hatte die Patenschaft übernommen. Für jeden, der irgendwie konnte, war es selbstverständlich, dabei zu sein. Diesen Schwung, das kriegskaputte Deutschland aufzubauen, hatten wir. Es mag heute kaum erklärbar sein, doch so war es.

Und: man konnte sich satt essen. Denn auf dem Lande war es immer noch nahrhafter als in Berlin. Jene Ilse also beschaffte uns beiden an einem Sonnabend ein Zimmer in Grünau im Haus irgendeines Rudervereins. Sagte selbstverständlich später, sie wüßte nicht, wieso sie sich so schnell mit mir eingelassen hätte. Wie dem auch sei, ich überredete sie, mit mir im Urlaub zu verreisen. Das konnten wir spottbillig mit dem FDGB, dem Gewerkschaftsbund, und gingen beide zur Wallstraße, wo der Feriendienst seine Schalter hatte. Weil es bei »Ostsee« zu voll war – bis heute habe ich etwas gegen Warteschlangen –, stellten wir uns beim »Harz« an und buchten Gernrode. Suchten es hinterher im Atlas.

Nun muß erzählt werden, daß Ilse einen Freund hatte, mehr als doppelt so alt wie sie. Ein Hitler überlebender Kommunist mit Vornamen Hermann. Ich konnte mir nicht vorstellen, daß er sie so einfach mit mir davonziehen ließ; staunte noch mehr, als sie auf dem Bahnsteig einen Ring harte Wurst zeigte, die hatte er ihr mitgegeben und wußte wohl, daß sie ihn nicht allein verzehren würde.

Als wir nach umständlicher Fahrt ankamen, standen wir zu fünft vor einem Heim, das uns nicht wollte, weil voll belegt. Das gibt es heute noch. Doch wir landeten in Suderode bei Leuten, deren Ferienzimmer erst anderntags frei wurden. Der Krieg hatte uns an manches gewöhnt, daher übernachteten einige auf dem Fußboden; wir beide aber bekamen als »junges Paar« von der freundlichen Wirtin ein Zimmer, das uns für die Folgezeit blieb.

So war das zur Zeit vor der Machtübernahme des prüden Walter Ulbricht, der viele gute Genossen und Parteilose beiderlei Geschlechts büßen ließ wegen Fremdgehens und sexueller Interessen, die er offenbar nie geteilt hatte, aber diese Menschen an den Pranger stellte, sie damit buchstäblich abtrieb aus der Gesellschaft und ihr berufliches Fortkommen zerstörte. Er selber wirkte trotz des Kinnbartes nicht unbedingt als Frauenheld, auch wenn er dem weit gebildeteren Erich Wendt in der Moskauer Emigration die Lotte Kühn ausgespannt hatte; aber wohl nicht als Liebhaber. Lotte, Jahrgang 1903, kalkulierte 1945 klug die Zukunft als First Lady, auch wenn sie diesen Begriff nicht gekannt haben mag.

Im Gästebett im Gästebuch lesend, das die Wirtin uns anderntags hinlegte: Nur ein paar Jahre vor uns hatte sich ein Unteroffizier von den Panzern mit seiner Liebsten verewigt. Für ein paar Tage Urlaub im Krieg. Ich verstand die Botschaft. Es war wie im Eingangsbuch bei Illus im Mai 1945. Die gute Frau Wirtin hätte natürlich wegen des »Umbruchs« ein neues Gästebuch anlegen können oder müssen. Falls jetzt ihre Enkel dort vermieten, hat das Gästebuch im nächsten Band Eintragungen von DDR-Pärchen und so weiter.

Damit wir endlich zu der Kette kommen – aus irgendeinem Grunde feierten die Sowjets – es mag der 8. Mai 1949 gewesen sein – ein Fest. Für uns vom Berliner Verlag war auch das Haus der »Täglichen Rundschau«, dem Blatt der sowjetischen Militäradministration, in der Mauerstraße zugänglich. Dort gab es unbeschädigte Räume und Druckmaschinen, während das einstmals dort gelegene Ballhaus Clou zerbombt und zerschossen war. 1943 hatte die SS – davon wußte ich 1949 noch nichts – hier bei der sogenannten Fabrikaktion ein Sammellager für Juden eingerichtet.

Die Häuserfront zur Zimmerstraße war heil. Es gab einen kleinen Saal. Ilse zog mich hinein, als die Veranstaltung schon lief, wie man in Berlin sagt. Vorn saß ein Schauspieler und las aus einem Buch vor. So etwas hatte ich noch nie erlebt.

Mittendrin hineinkommen. Das geht – auch wenn es stört –, wenn der Text gut ist. Er stammte, um meine Ahnungslosigkeit vorwegzunehmen, von einem mir und wohl auch anderen unbekannten Dänen, der später zu DDR-Zeiten in Dresden eine zweite Heimat und eine mittlerweile »wegen Kommunismusnähe« entsorgte Gedenkstätte bekommen hatte. Es handelt sich um den in Bornholm verehrten Martin Andersen-Nexö (1869–1954), dessen Kindheitserinnerungen und z. B. der Roman »Dritte Menschenkind« zum Lesen empfohlen sei.

Der Schauspieler las eine Seemannsgeschichte vor. Dort gibt es einen Matrosen, aus dessen Hintern eine tätowierte Kette ragt mit der (hier verdeutschten) Inschrift: »Willst du mehr Kette, dann zieh«.

Das ist das einzige, das ich von dieser Lesung mitnahm. Es war heiter und so unerhört; und es hat viel Nachdenkliches, wenn das Bild vom Ordinären befreit wird.

Seit ich selber Bücher geschrieben und oft daraus vor einem vielfältigen Publikum gelesen habe, weiß ich: Wenn nur eine oder einer einen einzigen Satz von mir mit nach Hause nimmt und fortan ins Leben, war mein Dasein nicht umsonst.

Wiedersehen

Ilses Vorgesetzter im Parteibüro – damals war das nicht so bürokratisiert wie beim künftigen Niedergang – war ein etwas bärbeißiger Mensch namens Heinrich Herbst, der mich an Sam Scaffidy erinnerte, den Staffsergeant der US-Militärpolizei in Camp Reynolds, Penn., USA. Die Menschen wissen ja nicht, wie ähnlich sie sich sind.

Wenn sie voneinander wüßten, gewußt haben dürften, sie hätten einander erkannt. Grimmige Brüder.

Heinrich Herbst, war er knapp Fünfzig?, entlockten wir eines Tages die Freude, mit der er und andere junge Kommunisten zur Vorhitlerzeit Polizeiautos umgekippt hatten bei Tumulten und gestörten Demonstrationen.

Irgendwann ist auch er gestorben und irgendwo beerdigt worden, inzwischen längst eingeebnet. Da muß er doch hier wenigstens eine Zeile haben. Ebenso wie Herr Hettwer, dessen Vornamen ich nicht mehr weiß. Er war im April 1942 unser freundlicher Lehrmeister im Deutschen Verlag, der uns kaufmännische Lehrlinge in die Schwarze Kunst einführte, in Gutenbergs Geheimnisse. Hettwer hatte, als wir bei ihm im Druckerei-Kontor auftauchten, auf seinem Schreibtisch das postkartengroße Foto seines Sohnes in Soldatenuniform. Unter eine Banderole, auf der handgeschrieben deutlich lesbar stand: »Er kommt nicht wieder«. Ich traf Herrn Hettwer bei uns in der Kantine. Jetzt war er irgendwo in der Druckerei tätig, die damals noch zum Berliner Verlag gehörte. Unsere Begegnung war aber nur freundlich höflich; zwei Sätze vielleicht. An wie viele Lehrlinge erinnerte er sich nach so langer Zeit? Oder störte ihn anderes? Ich gehörte zu denen, die wiedergekommen waren.

Volontär

Hermann Leupold bestellte seinen Geschäftsführer Julius Grau vom Illus-Bilderdienst zu sich, und mich, den er gerade ohne Prüfung zum Kaufmännischen Angestellten befördert hatte. Er teilte uns mit, Herr Knobloch würde ab sofort als Volontär in die Redaktion der »Berliner Zeitung« eintreten.

Das war eine der Wirkungen der Spaltung Berlins. Etliche stiegen auf, kamen in neue Funktionen beim neugebildeten Magistrat und seinen Institutionen. Daher fehlten unten Leute. So hatte diese Teilung in Ost und West ihr Gutes für mich; über Nachteile wird bald zu reden sein.

Es war der 6. Dezember 1948. Am späten Nachmittag erschien ich in der Verlagsleitung. Dort saß im Schein einer der häßlichen Schreibtischlampen mit ausladender Glasglocke Gerhard Kegel. Er war damals, was ich nicht wußte, 41 Jahre alt; kam mir aber viel älter vor. Verständlich, Respektsperson als Verlagsdirektor. (Hätte ich seinen Lebenslauf gekannt – Bankkaufmann, Jurist, Journalist. Mitarbeit in der KPD; 1934 Mitglied der Nazipartei, gleichzeitig bis 1945 Agent des sowjetischen Nachrichtendienstes GPU. 1943: Wehrmacht. Unteroffizier. 1945: Übertritt zur Sowjetarmee ...) Ich wußte bloß, daß er Stellvertretender Chefredakteur der »Berliner Zeitung« war und wie gesagt Leiter des Berliner Verlages.

Er sah mich an. Ich war nie vorbereitet auf solches Gespräch. Staunte, als er mich fragte, in welches Ressort ich möchte. Als ob ich mir das hätte aussuchen dürfen. Auf die Idee kam ich überhaupt nicht. Selig, überhaupt in einer Zeitungs-Redaktion arbeiten zu dürfen. Wenn aber, dann wo?

Ich: »In der Kultur ...?«

Er lächelte: »Jeder Jüngling hat den Hang zum Feuilleton.« Und sagte kurzerhand, aber nicht unfreundlich: »Außenpolitik«, was mich heute nicht verwundert, wenn ich seinen weiteren Lebensweg betrachte. Kegel kam ins DDR-Außenministerium, wurde von 1955 bis 1972 ein leitender Außenpolitiker, schließlich Gesandter, dann Botschafter und leitete bis 1976 die Ständige Vertretung der DDR am Sitz der UNO in Genf. Völlig klar, daß er mich in seine »Außenpolitik« schickte. Aber wenn nun damals ein Kulturmensch den Verlag geleitet hätte? Zwar kaum denkbar, aber wenn ich »Außenpolitik« als Wunsch geäußert haben würde, hätte er mich in die »Kultur« getan?

Die »Außenpolitik« war ein Zimmer, in dem zwei Männer saßen, die mich nicht sehr ernst nahmen. Klarer Fall. Schon weil sie für mich einen Beitisch abräumen mußten. Der Ältere hieß Hoffmann. War Überlebender aus einem KZ Hitlers, wie er sofort erzählte. Ich lernte bald, solche Wörter sorgfältig zu behandeln und sie lieber nicht als Abkürzung in die Zeitung zu nehmen. Zu leicht konnte KZ mit ZK, dem Zentralkomitee der SED, verwechselt werden: »Ein Überlebender des ZK« – ach du lieber Gott!

Der Jüngere wohnte im Berliner Vorort Bernau und erzählte, daß man ihn in seiner Straße grüße als den »Herrn Redakteur«. Das gefiel mir. Soweit wollte ich es auch einmal bringen.

Mich wunderte, wie die beiden aus der Fülle der Meldungen, die in den Abendstunden von den Nachrichten-Agenturen auf den Tisch kamen, genau die richtigen auszuwählen imstande waren. Später, viel später im Zeitungsleben begreift man, daß in der Welt immer genau so viel passiert, wie auf eine Zeitungsseite geht.

Für Hoffmann stellte ich mich an einem der folgenden Tage auftragsgemäß bei einem Kohlenhändler an am Schiffbauerdamm. Es sollte eine Brikettzuteilung kommen. Aus der Kippwaage ein Zentner in den zweirädrigen Karren, mit dem beizeiten Hoffmann mit seiner Frau aufgetaucht war.

Eine andere Erinnerung an ihn ist das ungesunde Tempo, mit dem er in der Kantine sein Essen verschlang. Während unsereins, ewig hungrig, langsam löffelte, damit es länger anhielt, meinte Hoffmann ungeduldig: »Das schnelle Essen lernt man im Gefängnis!« Viel mit der Außenpolitik zu tun bekam ich nicht. Hatte doch kaum Ahnung. Erlebte staunend, als die späte Meldung kam, Dean Acheson sei zum US-Außenminister ernannt worden, daß bei uns im Zimmer ein Dr. Läuen erschien und aus dem Handgelenk den Lebenslauf des Amerikaners in die Maschine diktierte und das Ereignis kommentierend bewertete. Einfach so. Ich bewunderte das.

Dieser leitende außenpolitische Redakteur war ein vom Krieg am Bein Beschädigter. Er wohnte, vermutlich bei Kriegsende aus seiner schlesischen Heimat vertrieben, mit seiner Familie im Verlagshaus. Als immer häufiger von der Anerkennung der Oder-Neiße-Grenze die Rede war, verweigerte er die Verantwortung im Ressort Außenpolitik und übernahm das Archiv.

Im nächsten Monat kam ich zu ihm. Das bedeutete Zeitunglesen. Als eine Volontärin auftauchte, bekamen wir beide den Auftrag, jeden Morgen ganz früh die Leitartikel und Kommentare der West- und Ost-Berliner Presse auf wesentliche Äußerungen durchzusehen. Für eine Art Presseübersicht, die vormittags auf die Tische der Redakteure kam. Selbstverständlich vom Chef ausgewählt und geordnet, aber mit uns war er zufrieden. Eine Übung, aus der man lernte, bei den später üblich gewordenen »Zeitungsschauen« Sätze so vorzutragen, als hätte man sie sich gerade selber erarbeitet.

Halbfett mein -och

In der Redaktionssitzung hatte der neue Wirtschafts-Chef Dr. Gerstner mitgeteilt, es gäbe neuerdings volkseigene Betriebe in Ost-Berlin. Darüber müßte etwas in unsere Zeitung. Da könnten sich unsere jungen Kollegen ihre »Sporen verdienen«. Das war zwar eine Formulierung aus alten Reiter-Zeiten, mir aber vertraut. Mensch, sagte ich mir, du kannst etwas schreiben! So ging ich den Wirtschaftsleuten hinterher nach der Sitzung und ließ mir ein paar Adressen geben, erschien andertags in der Brunnenstraße in der »Diamant«-Wäscherei. Stieg unangemeldet die Hinterhaustreppe hinauf, stellte mich vor, wurde herumgeführt, durfte das Mittagessen kosten – sie wußten nicht, daß ich kommen würde.

Das war unvorstellbar Jahre später. Kein Mensch hatte von mir einen Ausweis verlangt, irgendeinen Schein, ein Dokument, einen Stempel, eine Genehmigung. Man war einfach jemand, dem der andere die Hand gab.

Sie wuschen »mit Liebe« und flüssigen Seifen und bekamen zwölf Prozent Lohnerhöhung. Hatten Sorgen mit abgenutzten Treibriemen und Glühbirnen und ihrem zugeteilten Stromkontingent, das nicht überzogen werden durfte. Sie arbeiteten in vier Schichten, an das West-Berliner Stromkabel angeschlossen; dessen Abschaltzeiten unterworfen. Wuschen weiterhin für etliche West-Berliner Kunden und waren eine der elf volkseigenen Berliner Wäschereien. Wollten nunmehr »schneller, billiger und besser waschen«.

In jenen Monaten war ungeachtet des kalten Krieges manches unkompliziert. Ich wollte meinen Artikel lesen! Ob er gedruckt worden war. Stand am Sonntag beizeiten auf, frühstückte irgend etwas und ging gegen halb Neun aus dem Haus am Tempelhofer Ufer. Ich wohnte noch bei meinen Eltern in West-Berlin. Lief über die Großbeerenbrücke und bog rechts ins Hallesche Ufer, ging also nicht geradeaus wie jedentags, sondern nach rechts zum U-Bahnhof »Hallesches Tor«. Nächster Zug in Richtung Norden.

»Stadtmitte« aussteigen. Dort gab es einen Kiosk, der am Sonntag die neuesten Ost-Berliner Zeitungen verkaufte, die hätte ich an diesem 20. Februar 1949 nicht am »Halleschen Tor« kaufen können. Denn es war sehr kalter Krieg.

So saß ich auf der Bank und blätterte herzklopfend bis zur Wirtschaftsseite: »Bei uns wird mit Liebe gewaschen«. Meine Überschrift. »Die Wäschereien ›Diamant‹, ›Ide‹, ›Krone‹ arbeiten jetzt als volkseigene Betriebe« – die Unterzeile.

Ich las. Andächtig und aufgeregt. Kannte jedes Wort. Da war manche Formulierung vereinfacht. Was machte das? Ich hatte einen Artikel geschrieben. Jetzt stand er in der Zeitung.

Ich las. Bis zum Schluß: »Die Berliner haben nun ihre eigene Wäscherei. Sie erwarten viel von ihr!«

Und darunter, in Halbfett mein »-och«.

Schreiben dürfen! Zeitung machen! Der Kindheitstraum schien verwirklicht.

Als nächstes die verschiedenen, der Groß-Berliner Getränke-Industrie angeschlossenen Werke. Vom Brandy bis zum Mineralwasser. Alles längst vergessen. Bis auf eine 22jährige, die Klebestreifen für Kopfverschlüsse mit Leim bestrich. Sie hatte bei Kriegsende einen Bauchschuß bekommen. Der Destillateur, der die Reinheit des Karthäuserlikörs prüfte, hatte durch eine Kriegsverletzung seine sichere Chirurgenhand verloren.

Mein Kürzel -och benutzte ich solange, bis junge Mitvolontäre von »unserem ooch-Berichterstatter« sprachen. Fortan nahm ich lieber »kno-«, wie ich bis heute von meinen Freunden, Freundinnen (Oh, Kno) und »Wochenpost«-Kollegen (und -innen) genannt werde.

Lokales

Vom Archiv kam ich plötzlich und unerwartet in die Lokalredaktion. Die leitete Hans Ernst. Ein offenbar kurzsichtiger Mensch mit großen Gläsern in der Hornbrille. Er trug einen Anzug in einer von mir schwer zu beschreibenden Farbe, etwa so wie die Deutsche Bundespost, die derzeit auf ihren Briefmarken Frauenköpfe verkauft, Luise Henriette von Oranien im Wert 100 abgebildet. Ernst mochte mich nicht. Wieder störte ein kaum Brauchbarer den Betrieb der wichtigen Lokalredaktion. Die meisten Beiträge schrieb ohnehin der überaus fleißige Lokalchef lieber selber.

Hans Ernst hatte vor 1933 als Journalist gearbeitet und war als Kommunist von den Nazis verfolgt worden. Wenige Wochen nach Kriegsende bewarb er sich im Juli 1945 bei der Berliner Zeitung, um beim »Werden eines neuen Deutschland« mitzuwirken. Das wußte ich damals nicht. Ging dem übernervösen Lokalchef aus dem Wege, so oft wie möglich. War aber dabei, als er in einer Redaktionssitzung vorschlug, eine tägliche Rubrik einzuführen auf seiner Lokalseite. Sie sollte »Bärchen« heißen, und wahrscheinlich hatte er schon genug Einfälle im Kopf. Oder auch nicht, denn jeder Tag brachte Meldungen über Geschehnisse auf seinen Tisch, die er kritisch oder lobend kommentieren konnte in wenigen Zeilen. Das mit den Berlinern redende Wappentier wurde sehr bald zum Anziehungspunkt der letzten Seite, die wir bei jeder guten Zeitung lieber und eher als die Titelseite gelesen wird. Später durften auch einige andere zuweilen das »Bärchen« schreiben. Ich nie.

Ich landete in einem Zimmer zum Hof. Bekam einen Tisch. Wieder in der Mitte zwischen zwei Etablierten. Rechts saß Hans Preuß, überaus freundlich. Jahrzehnte später sind wir uns begegnet. Inzwischen hatte er ausländische Journalisten auszubilden versucht, um es einmal so auszudrücken. Auf diese Weise hatte er sich aus dem nicht allzu angenehmen Zeitungsalltag gelöst. Seine Freude war ein Hochsitz irgendwo hinter Köpenick, wenn ich das recht erinnere, von dem aus er Tiere beobachtete, aber nicht auf sie schoß.

Links saß ein sehr schlankes Mädchen, um nicht zu sagen eine recht magere junge Frau, doch damals waren wir alle nicht übergewichtig. Sie hieß Gisela Huelsenbeck. Die Tochter des berühmten Dadaisten Richard Huelsenbeck (1892–1974), der war beizeiten emigriert. Ich hatte noch nie von Dada gehört. Las später mehr, fand Leute wie George Grosz anziehend, ihrerzeit wichtig.

Unter ihrer Aufsicht lernte ich bei Gisela Huelsenbeck das Rundfunk-Programm so zu kürzen, daß es auf die Seite paßte. Was wußte ich, was wichtig war? So werden Zeitungen gemacht.

Gisela Huelsenbeck erregte den damals zwanzigjährigen Joachim Herrmann, der hatte sich, kräftig wie er war, vom Transportarbeiter und Hausboten zum Volontär emporgearbeitet – wie viele von uns. Bald auch er Redakteur in der Berliner Zeitung, 1954 schon Chefredakteur der FDJ-Zeitung »Junge Welt«. Danach steile Karriere, die ihn bis ins Politbüro der SED führte. Zuvor war er sogar Chefredakteur des »Neuen Deutschland« gewesen. Höchste Ämter, Titel, Auszeichnungen, schließlich war er der Herr der Medien. Gefürchtet wegen seiner Anordnungen, die er kurzfristig mit Erich Honecker besprochen hatte. Ein Mensch ohne umfassende Allgemeinbildung, leider.

Hätte man ihn nicht wegen seiner Herkunft als Arbeiterkind zu schnell befördert, sondern ihn zunächst erst einmal auf eine ordentliche Universität geschickt, die gab es 1949 jedenfalls in Leipzig, Joachim Herrmann hätte ein anderes Bildungsfundament bekommen, als es 1953/54 für ihn auf der Komsomol-Hochschule in Moskau zu haben war. Er starb verachtet, 1992 längst entmachtet, als Rentner, 64jährig in Berlin.

Gisela Herrmann, wie sie seit langem hieß, war in den letzten Jahren der DDR Kulturchefin der Berliner Zeitung. Nachdem sie zwei Söhne geboren hatte. Jedenfalls erkannte sie, dürrer als vormals, im Fahrstuhl des Berliner Verlages niemanden, auch mich nicht, was ihr nicht nachgetragen sei, denn ich habe mich sehr verändert und hätte nicht gewußt, worüber ich mich mit ihr unterhalten sollte.

Unvergessen bleibt der Garderobenschrank im Zimmer der Lokalredaktion damals. Aus seinem Luftloch hing eine endlos scheinende Zigarettenschlange, die hatte jemand, wahrscheinlich Gisela, von einer Reportage in der Zigarettenfabrik Josetti mitgebracht. Wer akzeptiert war, und es kamen deshalb viele zu uns ins Zimmer, durfte sich von der Schlange eine Zigarettenlänge abschneiden.

Dann saß ich wieder in einem anderen Zimmer und versuchte, durch Zuschauen zu lernen, wie man die Lokalseite macht. Es gab dort regelmäßig den Gerichtsbericht, geschrieben von einem Könner, der sich »Pro Contra« nannte. Viele kauften die Zeitung seinetwegen.

Da aber solche Schreiber zumeist ganz anders aussehen, als sie beim Lesen ihrer Texte wirken, entpuppte sich Pro Contra als ein unscheinbares Männlein mit scharfen Gesichtszügen. Er kam zu uns, verbesserte einiges an seinem Manuskript, um es anschließend im Schreibzimmer zu diktieren. Sprach kaum, verschwand wieder. War aber lange genug da, um mir den Blick in seine Kladde zu ermöglichen, die er stets bei sich trug. Dort war auf jeder Seite ein Beruf eingetragen. Und darunter Wörter, die sich auf alles mögliche bezogen, mit denen z. B. ein Klempner zu tun hatte. Solche Bezeichnungen schmückten dann den Gerichtsbericht; er wurde farbig, lebhaft, doppelsinnig und mehrdeutig.

Ich meinte, mir auch ein solches Heft anlegen zu müssen. Fand aber, daß es nur bei einer genau bestimmten Tätigkeit nutzen könnte, wie zum Beispiel beim Schreiben über Angeklagte, Zeugen und Anwälte. Später, als ich selber mit beiden Augen den Alltag besah, waren Bilderduden und anderes hilfreich, wenn Wörter aus dem jeweiligen Umfeld sich nicht gleich meldeten.

»Berliner Zeitung, guten Tag«

Hans Ernst schickte mich zu allerlei Veranstaltungen. Acht Zeilen. Darin mußte der Satz vorkommen: »Unter starker Anteilnahme der Bevölkerung«. Ob es ein Volksfest auf der Trabrennbahn Karlshorst war oder die Grundsteinlegung für die Karl-Liebknecht-Brücke an Stelle der kriegszerstörten Kaiser-Wilhelm-Brücke.

Theodor Fontanes Namen kannte ich, hatte wohl auch etwas von ihm gelesen, daß er aber im Dezember 1887 nachmittags zum erstenmal die neue Kaiser-Wilhelm-Brücke überschritten und das in seinem Tagebuch festgehalten hatte –, doch wäre solcher Bezug damals kaum erwünscht gewesen und hätte sich nicht in wenigen Zeilen unterbringen lassen.

Wenn eines Tages die Brücke von 1949/50 erneuert wird und jemand die eingemauerte Kassette öffnet, findet er Pläne und Bücher der Brücke von 1887. Die neuen Pläne, das Aufbauprogramm des Magistrats, alle Ost-Berliner Zeitungen vom 21. August 1949 und eine Liste mit den Namen der am Bau beteiligten Arbeiter.

Ich trug damals einen Hut. Den hatte ich kein Jahr zuvor aus der Müllsortierungsanstalt des schottischen Städtchens Galashiels entwendet. Zeitungen, Schuhe und Kleidung lagen dort sorgfältig getrennt. Während der Mittagspause kamen wir aus der gegenüberliegenden Fabrik von John Dunne (Kunstdünger/Saatgut/Schafswolle) und holten uns, was wir nach unserer Heimkehr gut würden brauchen können. Bis uns der Wächter verjagte. Ich fand diesen Hut und ein Paar zu enge Halbschuhe, die ich 1948 in Berlin am Mehringdamm nahe der Gneisenaustraße einem Händler für wenig Geld verkaufte. Dieser Hut, den amerikanische Reporter in den Filmen nie abnehmen, störte mich sehr, als ich über einen Prozeß berichten sollte. »Unter starker Anteilnahme der Bevölkerung« fand er in den Kapitol-Lichtspielen in Adlershof statt. Die Angeklagten hatten Denkmale geschändet, gewidmet den unschuldigen Opfern des Faschismus »ohne Ansehen der Partei, der Religion und Staatsangehörigkeit«. Milde Strafen nach dem Paragraphen von 1877; die Kontrollratsdirektive 38 (zehn Jahre) bestand noch nicht.

Was in Erinnerung blieb, war der störende Hut, auf den ich mich schließlich setzte. Wie sonst war der Schreibblock zu bedienen?

Ich erlebte Arnold Zweig, der gerade nach Berlin zurückgekehrt war, wegen seiner geschwächten Augen keine Fotoblitze duldete und im Haus der Ministerien verkündete, es sei für die Bewohner von Paris undenkbar, daß ihre Stadt in zwei Teile gespalten werden könne; sie würden das nicht zulassen. Doch wie wir das in Berlin rückgängig machen sollten, sagte er nicht. Es klang nur gut. Daher fragte ihn keiner der Journalisten nach Einzelheiten. Einem sah ich lernbegierig zu. Er hatte einen dicken Doppel-Buntstift; hier Blau, da Rot. Abwechselnd markierte er wichtige Stellen. Jedoch welche mit Blau, welche mit Rot? Waren es Sätze für die Überschrift? Woher aber wußte er, was wichtig war? Ich wußte es nie.

Schlimmer der Auftrag, über einen Prozeß gegen neun Jugendliche zu berichten, die am Vorabend der Wahlen zum Volkskongreß Flugschriften verteilt und Fahnen abgerissen hatten.

Wenn es je einen Reporter gab, der überhaupt nicht wußte, was er mitbringen sollte, ich war es. Kehrte zurück in die Redaktion, wollte ein paar Zeilen schreiben, als mich Hans Ernst entdeckte. »Wie ist die Urteilsbegründung!« schrie er. Ich kannte das Wort überhaupt nicht. Woher auch? Ernst jagte mich zum Gericht zurück. Dort war inzwischen alles vorbei. Und ich wußte noch immer nicht, was ich eigentlich hätte mitbringen sollen. Es hatte mir niemand erklärt. Ernst schrieb wütend selber den Bericht nach Agenturmaterial: »Unter starker Anteilnahme der Bevölkerung« fand er im Saal der Gasag statt. Dort hatte vor sechs Jahren die SS vergeblich versucht, mich für ihre SS-Division »Hitlerjugend« zu werben. Das wäre doch auch ein Stück Prozeßbericht gewesen ...

Mag sein, daß ich mir so meine Zukunft verdarb und begründete. Jetzt bekam ich andere Aufträge. Im heißen Juli meine Überschrift »Wo ist Berlin am kältesten?« Mit hochgeschlagenem Kragen durch die Norddeutsche Eisfabrik. Ich schrieb über eine Kundgebung »Antisemitismus ist ein Verbrechen«, Mitte August 1949, auf der Heinz Galinski sprach.

Über Auftritte eines sowjetischen Gesangs- und Tanzensembles; es war wirklich ausgezeichnet. Tatsächlich konnte ich einer Frau, die mit sechs Kindern zwischen fünf und dreiundzwanzig Jahren in einer Küche lebte, schreibend zu einer Wohnung verhelfen.

Als sich herumsprach, es würde eine neue Zeitung erscheinen, bewarb ich mich für die »BZ am Abend«. Und kam nicht in Frage. Ich sei zu langsam, hatte es geheißen, wie mir Hermann Leupold anvertraute. Er: »Da ist er gerade richtig für meine Illus«. Zu ihr kehrte ich zurück, nicht mehr als Foto-Rückseiten-Stempler, sondern als Redakteur in Ausbildung.

Bahnhof Zoo

Die West-Berliner Gewerkschaft, UGO genannt, hatte sich vom FDGB gelöst und bestreikte die S-Bahn. Warum? Ich wußte es nicht, und habe auch heute keine Lust, die Begründungen der einen oder der anderen Seite nachzuschlagen. Kalter Krieg hat seine Härten. Jedenfalls verkehrte die Stadtbahn, die der Deutschen Reichsbahn gehörte, nicht mehr wie gewohnt.

Unser Team, so hieß es aber damals nicht, fuhr mit einem Verlagsauto zum Bahnhof Zoologischer Garten. Wir standen auf dem Bahnsteig herum. Leider trug unsere hübsche Bildreporterin Elisabeth dabei eine rote Mütze. Die war zwar damals modern, galt aber womöglich als Gesinnungszeichen.

Das mußte von unten, von der Hardenbergstraße bemerkt worden sein.

Eigentlich sollten Journalisten immun sein. Doch als wir, es war ja nichts los, in der Hardenbergstraße in unser Redaktionsauto stiegen – Elisabeth hinten, ich vorn neben dem Fahrer –, überfielen uns unter der Eisenbahnbrücke junge Männer und rissen zuerst dem Fahrer den Zündschlüssel weg. Wogegen er nicht protestierte. Ob uns nun alte oder neue Nazis überfielen, neue Demokraten waren es nicht. Denn noch vor ihren Gesichtern fielen mir ihre Schaftstiefel auf. Die waren aus keiner neuen Produktion. Das war altes Inventar. Und ihre Gesichter, unangenehm vertraut. Die hatten mich doch jahrelang kommandiert und schikaniert.

Sie rissen die Tür auf. Wollten mich am rechten Bein herausziehen, wogegen ich mich mit dem linken stemmte. Ein Lümmel schrie, indem er mir nach der Brusttasche griff: »Kommunistisches Propagandamaterial!« Ich brüllte: »Das ist die Morgenzeitung!« Sie war es. Jedenfalls bekamen jene mich nicht aus dem Auto und mußten mein rechtes Bein loslassen, als inmitten des beängstigenden Tumults ein West-Berliner Polizist erschien und Einhalt gebot. Er hielt zu meinem bis heute andauernden Verwundern unseren Autoschlüssel in der Hand und forderte uns auf, sofort wegzufahren. Da reagierte der gleichgültige Fahrer wieder. Keine vierzig Meter später hielten wir wieder an, weil am hohen Gitter der Kunsthochschule unsere Kollegin Gisela Huelsenbeck entlanglief, sich so aus der Affäre ziehend. Schnell stieg sie ein. Wir brummten zurück in den Berliner Verlag.

Ich merkte an solchen Vorgängen, daß ich in diesem Westen keine Zukunft haben würde und mochte.

Redakteur bei Illus

Das Geld spaltete Berlin mehr, als hinterher zugegeben wurde. Die Währungsreform und der Marshallplan sorgten dafür, daß sich die Waage auf Dauer zugunsten *West* neigte. Die im Kreml dümmlich erdachte »Blockade West-Berlins« endete als Fiasko. Aber was hat sie in den Menschen angerichtet?

Am 23. Mai 1949 trat das »Grundgesetz für die Bundesrepublik Deutschland« in Kraft. Monate später, am 7. Oktober 1949, wurde die DDR gegründet. Wer die Zeitungen von damals anschaut, erblickt keine Jubelbalken-Überschriften wie später. Die DDR galt als notwendige Folge. Wir schickten die Fotos, so schnell es damals ging, in alle Richtungen.

Weil Wilhelm Pieck, zum Präsidenten ernannt, in dem im Osten einzig brauchbaren Nachkriegsschloß Schönhausen in Pankow-Niederschönhausen vom Balkon den Fackelzug der vielen, meist jungen Menschen grüßte, wurde dieser ganze Berliner Bezirk fortan diskreditiert durch Adenauer, der von »Pankoff« sprach und von der »Pankower Regierung«. Es stimmte zwar nicht, klingt aber nach bis heute.

Zu einer Regierung gehören Botschafter. Sie kamen aus den mit der DDR befreundeten Ländern. Aus Prag der weißhaarige Otto Fischl, 1952 zurückgerufen und als Jude gehängt wie Slansky und andere. Weil wir kleinen Leute das Buch über den Slansky-Prozeß nicht lesen oder gar kaufen durften, fing ich wieder ein bißchen mehr zu denken an.

Zunächst aber 1950 das Deutschland-Treffen der Jugend, von dem ich nur Überstunden erinnere, die keiner von uns zählte; der Gedanke war nicht vorstellbar. Wir waren im Labor, im Redaktionszimmer dabei. Schnellster Versand der Fotos in alle Richtungen.

Manchmal ließ ich mir eine Kamera geben, fotografierte am

Rande bei Veranstaltungen; es gab viele im Freien mit Tanzgruppen. Honorar gab es nicht, erklärlicherweise, aber Provision, wenn das Foto gedruckt worden war. Zur »1. Spartakiade« des Sportvereins der Kasernierten Volkspolizei im Juli 1952 gelang mir bei gymnastischen Vorführungen im Stadtion ein köstliches, bis heute unveröffentlichtes Foto (500stel Sekunde) der unterschiedlich hüpfenden Brüste einer hochgewachsenen Polizistin.

Um ein anderes Foto tut es mir leid, weil ich es nicht habe. Wir waren im Urlaub in Friedrichroda und standen bei einem Spaziergang am Nachmitttag auf einer Anhöhe mit Fernblick plötzlich vor einer Bank. Auf der saß, die Hände auf einen Stock gestützt, Wilhelm Pieck. Der Präsident der DDR. Neben ihm seine Tochter, und ein Begleiter stand auch dabei. Niemand störte, keiner verlangte ein Autogramm von dem 76jährigen. Warum sollte er nicht unter Bäumen sitzen wie wir alle? Wir fotografierten ihn aus angemessener Entfernung und gingen.

Diese Begebenheit fiel mir oft ein, als die Absperrungen und die Blaulicht-Kavalkaden nach Wandlitz und zurück das Stadtbild und die Stimmung trübten. Die Furcht vor dem Volk. Dabei ist jeder von ihnen ersetzbar, nächste Woche schon. Das ist nicht anders seit dem Aufhören der DDR. Heute haben sie sogar Schilder »Bannmeile« angebracht. Darf man da noch zu dritt entlanggehen?

Plutarch war es, der seinen alten Griechen sagte, ein Politiker sei nur gut, wenn das Volk für ihn fürchte, statt ihn zu fürchten. Fürchtet euch nicht?

Jedenfalls machten Henryk Berg (1927 – 1995), der Karikaturist, und ich jeder unseren Schnappschuß vom Präsidenten. Wir saßen mit unseren Frauen zu viert bei Tische im Ferienheim, unternahmen manches gemeinsam. In dieses Erholungshaus kamen die meisten Feriengäste vom Presseverband.

Jedenfalls jagten wir anschließend einzeln bergab, begegneten uns im örtlichen Fotoladen. Zahlten Express-Zuschlag für das Entwickeln binnen einer halben Stunde, stopften die Negative in längst vorbereitete und frankierte (Eilboten-)Umschläge, gingen gemeinsam zum Bahnhof, wurden dort unsere Briefe (Bahnpost) los. Morgen früh würden sie auf dem Redaktionstisch und schnell in der Zeitung sein.

Tage später war Bergs Foto des sich erholenden Präsidenten in seiner Zeitung, dem »Neuen Deutschland«. Mir sagte man, als ich fragend aus dem Urlaub heimkehrte, die Veröffentlichung sei nicht genehmigt und daher das zwar gut gelungene und aktuell – weil auch im Urlaub mit der Kamera immer dabei – übermittelte Bild zurückgehalten worden. Ich denke eher, es lag daran, daß ich nicht befugt war, den Präsidenten zu fotografieren.

Damals soll bei einem Busausflug über einen uns begegnenden offenen Lastkraftwagen die Bemerkung gefallen sein: »Sieh mal, die Russenweiber«. Kein schöner Ausdruck, noch aus der Kriegszeit stammend; beim Abendessen jedoch hielt ein Eiferer uns eine Rede und diese Äußerung vor. Er hieß Alfred Duchrow, war ein Rundfunkmann und mußte wohl oder übel auch im Urlaub als Lautsprecher wirken. Eines Abendessens ließ er uns mittendrin – denn das gehört dazu – aufstehen zum Gedenken an den gerade verstorbenen Erich Weinert, den Arbeiterdichter, und würdigte ihn in einer improvisierten Ansprache. Dann durften wir weiteressen. Nur stand anderntags kein Wort über Weinert in der Presse. Und am nächsten Tage auch nicht. Erich Weinert lebte fast noch ein Jahr.

Wegen solcher Alfreds aber, und es gab ihrer zu viele, verließen viele, zu viele die DDR.

Internationale Artistenloge

Weil wir Mitglieder des Verbandes der Deutschen Presse noch keine eigenen Räume hatten, bekamen wir 1949 Zutritt im Friedrichstadtpalast, der längst abgerissen ist. In seinem Casino fanden sich nach ihren Auftritten die Künstler ein. Die meisten als Mitglieder der Internationalen Artistenloge, von der ich erklärlicherweise noch nie gehört hatte. Für uns war wichtig, daß es dort ohne Lebensmittelmarken ein warmes Essen gab, Gulasch mit Nudeln zum Beispiel.

Der Raum war immer voll, die Tische eng besetzt, ebenso die Tanzfläche. Damals war der Samba das Allerneueste. Ich entsinne mich dessen so genau, weil bei diesem Tanz die Beine hoch geschwungen werden und höher, kein Wunder bei Artistinnen und

Tänzerinnen. Einmal schwebte ein spitzer Damenabsatz über meinem Gulasch.

Das Unvergessene, Bleibende und Allerschönste waren die improvisierten Vorführungen. Diese internationalen Artisten, von denen sich einige schon vor dem Krieg gekannt und jetzt einander gerührt umarmt hatten beim Wiedersehen oder sich beim Berliner Engagement kennenlernten, waren eine Gemeinschaft. Sie zeigten einander ihre Kunst. Nach den Auftritten für das Publikum.

Plötzlich ein Tusch, eine Ansage, und eine Schlangentänzerin kam, ohne Schlangen, die brauchte sie hier nicht und zeigte sich akrobatisch schön.

Unvergessen ein Schnelldichter. Der ließ sich Wörter zurufen, natürlich auch ausgefallene, komplizierte, eine ganze Portion, die unsereins schon nicht mehr wiederholen konnte – und formte sie unverzüglich zu einem Gedicht, über das sich alle neidlos freuten, weil ihnen solche Gedächtniskunst fehlte. Ehrlicher Beifall von den Kollgen ...

Wir aber ...

Wir egoistischen Schreiber. Jeder sieht nur sich. Und wenn er Glück hat, besitzt er ein paar Freunde. Aber voreinander füreinander auftreten? Damit jemand eine Formulierung klaut, eine Idee, eine Pointe? Und wenn wir uns nicht fürchten, dann ist es uns peinlich. Weil da ein paar Berühmte sitzen, die vielleicht insgeheim lächeln. Wohl deshalb gab es beim Schriftstellerverband nur höchst selten solche Lesung vor den eigenen Leuten.

Wären deutschsprachige internationale Artisten Jahrzehnte später eingeladen worden in den Schriftstellerclub, was hätten sie, außer einer reichhaltigen Speisekarte, erlebt? Falls überhaupt eine Vortrags-Situation möglich gewesen wäre. Aber nicht spontan. Die sich Produzierenden wären ausgesucht und eingeteilt gewesen. Geeignete Kolleginnen, es gab nur wenige mit Beinen, die über einem Sahnegulasch geduldet worden wären – und gerade jene hätten nicht mitgemacht, weil sie sich nie um Absatzfragen Sorgen machen mußten und ihre Fesseln ganz woanders saßen.

So etwa hätte die Vorstellung ausgesehen: Der eine jongliert grauenvoll mit Worten, weil er nichts mitzuteilen hat. Die andere verrenkt sich und ihre Gefühle, was soll's? Jener aber, er mit dem vorzüglichen Gedächtnis, der sich an jedes Wort erinnert, das ein anderer einmal äußerte, trägt er jetzt alles vor? Denkste. Das tat er hintenherum und heimlich.

Nach Feierabend

Es gehörte zu den Selbstverständlichkeiten jener Jahre um 1950, daß wir wenigstens einmal in der Woche, oder sogar öfter, in die Ruinen gingen zum Enttrümmern. An mehreren Wochenenden nützten wir so in der Seydelstraße der Inbetriebnahme der Druckerei.

Dann wurde das Nationale Aufbauwerk gegründet. Man investierte drei Prozent seines Gehalts zu damals traumhaften fünf Prozent Zinsen – ging Ziegelputzen, reichte in langer Kette von Hand zu Hand die Einzelteile weiter, aus denen einst ein Wohnhaus bestanden hatte, zum Beispiel in der Frankfurter Allee.

Wer sonst sollte Berlin wieder aufbauen?

Damals hatte ich eine unzähmbare Gier nach Musik, Theater und Büchern. Wurde Mitglied der Volksbühne und der Büchergilde Gutenberg, die im Osten wegen ihres sozialdemokratischen Ursprungs bald wieder abgeschafft wurden, ohne daß das so deutlich mitgeteilt worden wäre.

Ich kannte Bände der alten Büchergilde, hatte als Junge neben meinem Vater auf der Couch liegend ein Stück von Travens »Totenschiff« mitgelesen, merkend, man sollte ein Buch von vorn beginnen. Jetzt fehlten sie, waren der Nachkriegsnot geopfert worden.

Manchmal gab es bei Illus Pressekarten für Konzerte im Metropoltheater, das lange Zeit als Staatsoper fungierte. Hermann Abendroth dirigierte. Auf der Nachhausefahrt in der zugigen S-Bahn, in der noch manches Fenster mit Holz verkleidet war, betrachtete ich meine Handschuhfinger. Den langen Heimweg hatten sie überlebt, die khakifarbenen, gestrickten US-Handschuhe, die an empfindlichen Stellen mit Leder besetzt waren. Nun aber schoben sich die Finger ins Freie. Das ließ sich nicht stopfen. War mir peinlich. Daher saß ich mit geballten Fäusten. Dachte, ihn noch von vorhin im Ohr, Beethoven hat auch immer die Fäuste geballt.

Manchmal ging die Illus-Redaktionsmannschaft einen trinken.

Daher war ich einmal im sagenhaften »Groben Gottlieb« in der Jägerstraße, in dem bei fürchterlichem Gedränge ein Hauch alter Berliner Zeiten spürbar war. Bei irgendeiner der Kampagnen gegen Fröhlichkeit wurde das Lokal geschlossen, wo wir vom Kellner laut als Vorstand des Sittlichkeitsvereins begrüßt worden waren.

»Stadtmitte« hieß Leipziger Ecke Friedrichstraße ein neues Restaurant. Dort aß ich einmal Wal-Kotelett. Es schmeckte etwas ungewohnt; nicht schlecht und nicht reizvoll. Damals tummelten sich diese Tiere in den Weltmeeren, brauchten keinen Artenschutz; von Fangquoten hatte noch niemand gehört.

Blättchen für Fred Keilhaus: Ein, gelinde gesagt, Trinkfroher, was ihm aber nach seinen KZ-Jahren nicht verübelt wurde. Zumal er voller Ideen steckte. Wie es immer wieder vorkommt in Familien: Fred war Kommunist geblieben, sein Bruder jedoch SS-Führer von hohem Rang. Jeder des anderen Last. Nach einer Zusammenkunft ließ der SS-Offizier seinen Bruder im Dienstwagen nach Hause bringen. Vor Schreck über die ungewohnte Umgebung und vielleicht mehrere Cognacs bewältigend ließ Fred seine Aktentasche im Wagen liegen. Randvoll mit illegalem Material. Noch ehe der Entsetzte das vor seiner Haustür begriffen hatte, kam der SS-Chauffeur angerannt: »Herr Keilhaus! Ihre Mappe!«

Keilhaus war voller Bildideen. Ich war dabei, als er uns eine Kombination vorschlug. Sofort fuhr ein Bildreporter in eine der vielen orthopädischen Werkstätten und fotografierte die für ihn aufgereihten Kunstbeine.

Über diesem Foto wurden, wie von Keilhaus ausgedacht, tadellos in Schaftstiefeln marschierend deutsche Soldatenbeine gezeigt. Das »Vorher – Nachher« ergab sich für die Nachkriegsbetrachter von selbst. Recht bald ließen die um neue Marschierer in beiden deutschen Staaten Bemühten solches Foto weg. Es jungen Wehrpflichtigen zu zeigen, ist offenbar schlimmer als jegliche Pornographie und Gewalt, an die sie von klein auf gewöhnt wurden.

Ungebetene Besucher

1951, als im August in Berlin die Weltfestspiele der Jugend und Studenten stattfanden, schickte mich der Illus-Bilderdienst als Leiter der Pressebildstelle – welch ein Titel! – ins Berolinahaus am Alexanderplatz. Dort fand ich mich als Nichtmitglied der FDJ (Freie Deutsche Jugend) inmitten lauter Blauhemden wieder. Ich war schon bei Illus gefragt worden, wollte aber nicht in den Jugendverband eintreten. Mir hat man meine Jugend gestohlen. Ich konnte nicht mehr unbeschwert lachen und mich als Jugendlicher fühlen, weil ich den Krieg, wenn auch nur für kurze Zeit, mitmachen mußte und weiß, wie dort der Tod aussieht.

Kurzum, in meinem Amte, das im Grunde darin bestand, auswärtige und ausländische Pressefotografen zu begrüßen, indem ich ihnen kostenlos Fotomaterial aushändigte, überraschte mich zweierlei.

Ich war jemand. Mir wurde mein Mittagessen pünktlich auf meinen Schreibtisch gestellt. Eine Kellnerin servierte, ungeachtet anwesender Besucher. Sollte ich etwa unter deren Augen mein Schnitzel schneiden, Mischgemüse mischen, beim Gespräch davon kosten und mit der Gabel noch dampfende Salzkartoffeln in die Soße drükken? Mein Essen wurde kalt. Blieb unberührt und wurde pünktlich wieder abgeholt.

War es von mir zunächst als Auszeichnung empfunden worden, nicht mehr wie andere in die Kantine gehen zu müssen, so wurde mir bald bewußt, daß es eine Zumutung war, solchen Umgangsformen ausgeliefert zu sein.

Die andere Überraschung kam in Gestalt zweier Blauhemden, die mir bedeuteten, der Klassenfeind würde keine Mittel scheuen. Ich erlebte den kalten Krieg längst aus der Nähe. Nicht von ungefähr mußte ich 1951 von meinen in West-Berlin lebenden Eltern wegziehen, weil ich, im Ost-Berliner Zeitungsverlag als Bürohilfe tätig gewesen, dann kurz Kaufmännischer Angestellter, nun als Redakteur in Ausbildung mein Gehalt nicht anteilmäßig wie andere in West-Berlin Wohnende und im Osten Arbeitende in die neue D-Mark umgetauscht bekam. Es lag an der Arbeitsstelle. So konnte ich damals weder zur Miete beisteuern noch andere Haushaltskosten übernehmen, geschweige mir ein Paar Schuhe kaufen im Westen, wo es nun alles gab. (Nach meinem Umzug nach Ost-Berlin verlor mein in einer West-Berliner SPD-Druckerei beschäftigter parteiloser Vater ganz plötzlich seine Arbeit ...)

Also, jene Blauhemden erwarteten meine Mitarbeit bei der Entlarvung des Klassenfeindes, der möglicherweise unsere Weltfestspiele stören wollte. Warum sollte ich das verweigern wie das servierte Mittagessen? – Kurios war nur, daß ich mir dafür einen neuen Namen zulegen sollte. Ich nahm keinen mir fremden, sondern wählte als Tucholskyleser, dessen Schreibkunst mich gerade berührte, eines seiner Pseudonyme: »Theobald Tiger«. Das kam den beiden seltsam vor. Damit konnten sie nichts anfangen. Waren offenbar keine Tucholskyleser, ließen es sich aber kaum anmerken. Blickten sich nur verdutzt an. Das genügte.

Weil ich aber oft übermütig war, was mir schon in der amerikanischen Kriegsgefangenschaft nicht bekommen ist beim Verhör, meldete ich in den nächsten Tagen eine Erkenntnis: Irgendein Würdenträger war in der englischen Fassung des Pressedienstes »Vice President« genannt worden. Vice, wie mittlerweile Betrachter der TV-Serie »Miami Vice« wissen, bedeutete Laster! Anderntags kam einer der beiden Blauhemden und lobte meine Wachsamkeit; dennoch hatten sie herausgefunden: »Vice« bedeutete bei »Vize-Präsident« tatsächlich nur Vize.

Ohne Hašeks »Schwejk« bereits in aller Tiefe erkannt zu haben, hatte ich seinen Verfasser nachgeahmt. Jaroslav Hašek ließ sich 1914 sofort nach Kriegsbeginn in einem Prager Hotel unter einem russischen Namen als Gast eintragen, wurde umgehend verhaftet, verhört und entlarvt. Sagte, er habe nur die Wachsamkeit der Behörden überprüfen wollen.

Doch nun war ich, was ich nicht ahnte, auf der Liste.

1954 oder 1955 kam ein junger Mann zu mir in die »Wochenpost«, nannte sich »Helm« und hielt mir einen längeren Vortrag über die Bedrohung durch den Klassenfeind. Ich wartete die ganze Zeit darauf, was er eigentlich wollte. Im Grunde nichts. Nur die Unterschrift mit dem richtigen Namen, daß man über das Gespräch zu niemandem reden dürfe. Den dazugehörigen Text diktierte er. Ob das bei allen anderen Geheimdiensten auch so war? Ungewohnte Sitten. Über die hatte nichts in unserer Zeitung gestanden.

Ein andermal kam er und gab mir zehn Pfennigmünzen »Westgeld«. Dafür sollte ich im West-Berlin eine Nummer anrufen und dem Mann, der sich melden würde, sagen, er möge mal wieder anrufen.

Ich fragte Helm, warum er nicht selber mal kurz über die Straße ginge. »Es muß etwas Sächsisch klingen im Unterton.« Das empfand ich als Abenteuer! Jeder einmal beim Geheimdienst! Ging die paar Schritte über die Zimmerstraße in den Westen zur nächsten Telefonzelle. Doch jenen Mann gab es nicht mehr in dem Geschäft, das sich meldete. Ich fragte – geistesgegenwärtig, so schien mir – nach seiner neuen Nummer und bekam freundlich Auskunft. Und war stolz über meinen Erfolg.

Wieso fragte die Dame nicht, wer ich sei, und wie meine Telefonnummer laute, und daß sie zurückrufen würde? Denn so einfach bekam man auf unserer Seite keine Auskunft. Mißtrauen und Argwohn nahmen ständig zu. Noch am Abend überkam mich Scham, weil ich die Arglose übertölpelt hatte. Dabei war doch ihre Antwort das Normale. Ich war der Späher. Dieses Gefühl war so unangenehm, daß es mich immer wieder mahnte.

Ende 1957 wohnten wir unsere Neubauwohnung trocken. Und eines Tages, es wird im Frühjahr 1958 gewesen sein, erschienen zwei freundliche Herren in Zivil und schlugen vor, da unsere Wohnung im Grunde dem Staate zu verdanken sei (obgleich wir durch eigene Arbeitsleistung und Einzahlung unser nicht geringes Scherflein beigetragen hatten), sie gelegentlich Besuchern zur Verfügung zu stellen, um die wir uns nicht näher kümmern müßten. Meine Frau, die mit am Tische saß, brauche bloß Kaffee zu kochen ...

Da traust du dich nicht, seit der Kindheit eingeschüchtert von der Macht, egal welcher gerade, das einfach abzulehnen. Da ich anfangs nicht wußte, was sie eigentlich wollten, hatte ich ihre vorhergehende Frage nach dem jetzigen Zustand in der »Wochenpost« wahrheitsgemäß beantwortet: Unser Anfang des Jahres gefeuerter Chefredakteur Wetzel sei der Bessere gewesen. (Vielleicht käme er zurück?) Darüber lächelten sie ein wenig. Die Wohnung hergeben – erst nach 1990 erfuhren wir von »konspirativ« und »geheimer Treff« –, damals konnte unsereins die unbekannten, damit verbundenen Konsequenzen bestenfalls ahnen.

Ein »Nein« als Antwort konnte wer weiß was nach sich ziehen. Man war zum Gehorsam getrimmt worden; eine Kriegsverletzung, die auch im Nachkrieg behinderte.

Da betrat Josef Schwejk, der Unentbehrliche, unser Zimmer und ließ mich antworten: »Es könnte nur sein, daß plötzlich meine Eltern aus West-Berlin kommen, natürlich unangemeldet, um ihr Enkelkind zu besuchen.«

Gleich darauf verabschiedeten sich die beiden Herren ganz unverbindlich. Eigentlich hätten sie ja wissen müssen, wo meine Eltern wohnten. Und dieser Gedanke – alles wissen sie eben doch nicht – stärkte künftig und machte vorsichtiger.

Schwejk lehrt: Wenn du nicht *Nein* zu ihnen sagen kannst, bringe sie dazu, zu dir *Nein* zu sagen.

Geglaubte Zukunft

In meiner Pressebildstelle hatte ich, nachdem Dutzende mit Fotofilmen versorgt worden waren, viel Freizeit. Das bedeutete Karten für die Theater. So sah ich bei den Indern das bewundernswerte Ballett »Das Königreich der Karten«. Ging jeden Abend in irgendein Theater, was auch ohne Eintrittskarte gelang, wenn man englisch redete, und versuchte vergeblich, eine Kollegin zu verführen. Wer weiß, wozu es gut war. Sie kam vom Dresdner Innenministerium, wie sie sagte, aber es war wohl die Stasi, und wohnte im damals noch vorhandenen Berliner Nordbahnhof in einem Schlafwagenzug, was mir sehr romantisch vorkam.

Die Weltfestspiele begannen mit einem grandiosen Umzug aller beteiligten Nationen. Wie wir das von Olympischen Spielen kennen.

Ich saß im »Stadion der Weltjugend«, an dessen Aufbau beinahe jeder von uns mitgewirkt hatte, durch Schaufeln oder Spende. Es hieß später »Walter-Ulbricht-Stadion«, wurde konsequent zurückbenannt, nach 1990 zügig abgerissen wegen eines Olympia-Irrtums – Größenwahn scheint eine unheilbare Berliner Regierungskrankheit. Nun sollen dort Wohnungen gebaut werden.

Jedenfalls zog damals im August 1951 die Jugend der Welt, ich sah sie so, an uns allen vorbei. Roter Banner – Fahne wäre zu profan ausgedrückt – mit dem Bilde Stalins. Die Delegationen schleppten ungeheure Stalinporträts auf Tragegestellen vor sich her. Nur die Österreicher schoben den genialen Führer auf vier Rädern, was beinahe zu gemütlich schien angesichts der Delegation aus Nordkorea, wo Krieg herrschte; sie hatten eine hochdekorierte, überaus attraktive Offizierin dabei und bekamen den meisten Jubel.

»Freundschaft siegt« heißt es im Lied der Weltjugend, das »die Ländergrenzen überfliegt« und »wo auch immer wir wohnen, unser Glück auf dem Frieden beruht«. Das war sechs Jahre nach Kriegsende nicht nur ersehnt, sondern schien eingetroffen. Als ich diese Jugend sah, zu der ich vielleicht gerade noch gehörte, kamen mir im Sturm des erlebten Jubels die Tränen. Jetzt ist es erreicht, dachte ich, jetzt bleibt der Frieden.

Die Partei

Es kam so. Wenn bei Illus Feierabend war, 17 Uhr, gingen zuweilen einige nicht zum Ausgang, sondern zur Versammlung treppauf. Sie waren in der SED, der Sozialistischen Einheitspartei Deutschlands, gegen die ich nichts hatte. Ich kannte sie weniger als kaum.

Eher leuchtete mir ein, daß sich die Parteien der Arbeiter und Angestellten nach ihren Erfahrungen in der Hitlerzeit vereinigen müßten. Von der Vereinigung im April 1946 erfuhren wir in Virginia nichts. Es war auch kein Thema. Wir bereiteten uns auf die Heimkehr nach Europa vor. Später, als ich über den Berliner Lustgarten und seine Geschichte ein Buch schrieb, wurde ein Foto von 1946 erwähnenswert. Dort standen Überlebende mit einem Transparent, dessen Inschrift lautete: »Im KZ waren wir einig«.

Durch die Kriegsgefangenschaft in den USA und in Schottland demokratisch, weil ich so wollte, beeinflußt, wunderte mich der deutsche Zustand, den ich in West-Berlin antraf. Neulich wurden wieder einmal alte Filme von damals gezeigt: Der Sozialdemokrat Franz Neumann, nach dem heute ein U-Bahnhof heißt, schrie am Ende einer Kundgebung dreimal hintereinander den Massen zu: »Freiheit!«, was die Menge freudig wiederholte. Vielleicht war es ein alter Kampfruf wie bei den anderen »Rot Front« oder »Deutschland, erwache!«. Was aber konnte oder kann man mit »Freiheit« anfangen? Bei Hitler hatte wenigstens der Ruf »und Brot« dazugehört beim Einwickeln. Ich hatte keine Ahnung, worum es in der Machtpolitik geht. Und wie der einzelne und die Menge mißbraucht werden, von wem auch immer. Ich war im Frühjahr 1948 wie Voltaires »Naturkind« in eine fremde Welt gekommen und hatte nach und nach Unterschiede bemerkt zwischen Ost und West, ihren Parteien und Anschauungen.

Als ich bei Illus andere zu ihrer Versammlung gehen sah, kam mir allmählich das Gefühl, ich müsse dazugehören. Wieso sollte ich fernbleiben? War ich nicht dem Hitler, der mich aus meiner geliebten Lehre in seinen Krieg geholt hatte, mit Absicht bei zweitgünstiger Gelegenheit entlaufen? Gehörte ich nicht zu denen, die sich um ein besseres Deutschland bemühen wollten? Also fragte ich. Ich fragte. Das war entscheidend. Hätte man versucht, mich zu werben, ich hätte mich abgewendet. So war es meine eigene Entscheidung.

Damals wurde gerade die Kandidatenzeit eingeführt für Neukommer. Mich betraf sie noch nicht; vermutlich hätte ich dank meiner politischen Unbedarftheit etwas Falsches geantwortet. Die Aufnahme geschah problemlos. Leupold hatte für mich gutgesagt. Die erste Versammlung – die Setzer, Drucker und Kraftfahrer empfingen mich erfreut als Nebenmann. Das Gefühl, akzeptiert unter Gleichgesinnten zu sein.

Später änderte sich das Ritual. Die Druckereien, und damit die Arbeiter, waren ausgesondert. In der Redaktion mußte jeder Neue, und sei er oder sie längst Parteimitglied, sich noch Mitte der Fünfziger mit dem Lebenslauf vorstellen und Fragen vertragen. Das änderte sich bald merklich. Wer hinzukam, wurde kurz vorgestellt; war vorgesehen vom höheren Ort, dem Zentralkomitee. Fragen? Gab es keine mehr. So wußte einer nur wenig vom anderen. Die Kandidatenzeit galt wohl nur der Prüfung des Bewerbers. Aber wenn er nun prüfte und nach einem Jahr verzichtete, das war wohl nicht günstig für sein weiteres berufliches Vorankommen, so er oder sie darauf Wert legte.

Anfangs wurde nach den Parteiversammlungen noch gesungen. Auch wenn die meisten schon ewig nicht mehr laut die alten Lieder angestimmt hatten: »Brüder, seht die Rote Fahne« oder »Dem Morgenrot entgegen«, was eine eingängige, schrittbewegende und fußfreundliche Weise ist. Nach Wahlversammlungen stets die »Internationale«. Bei ihr fällt mir immer ein, wie ich 1933 als Sechsjähriger, weil dieses Lied verboten war, und wie schön ist es für ein Kind, etwas Verbotenes zu versuchen, im Schlafzimmer leise die Melodie der »Internationale« stampfe, schon wegen des Wortes »Verdammte«, und am Schluß mit eigenem Text: anstatt »erkämpft das Menschenrecht«, weil ich das fremde Wort nicht verstand, auf gut Sächsisch: »där gehm se alle Recht«.

Später, viel später dachte ich oft an die ehrlichen Kerle, die in ihren Arbeitsjahren, sagen wir von 1878 bis 1913, brav und regelmäßig ihren Beitrag bezahlt und sozialdemokratisch gewählt hatten in der Hoffnung, die große Soziale und Demokratische Veränderung der Gesellschaft würde nun bald kommen. Und wenn nicht für sie, so doch für ihre Kinder und Enkel.

Im Frühjahr 1949 fand für den Kreis Berlin-Mitte eine Konferenz statt, von der zwei Erinnerungen blieben. Ein, wie ich erfuhr, berühmter Schauspieler namens Wolfgang Langhoff rezitierte »Die Weber« von Heinrich Heine, dessen Namen ich zwar schon gehört hatte, aber noch keines seiner Gedichte.

Ein Präsidium wurde gewählt; und »ins Ehrenpräsidium der Genosse Stalin«, der natürlich nicht anwesend war, doch nun wie auf dem damals oft gedruckten Foto pfeiferauchend gütig über uns wachte. Zwar schien seltsam, mir den Genossen Stalin dort oben im Präsidium vorzustellen (er saß »im Geiste mit«), aber so vieles war für mich ungewohnt. Unter anderem, daß man mit dem Ruf »Zur Geschäftsordnung« sofort das Wort bekam. Eigenartig, wie alle, sobald der Genosse Stalin vorgeschlagen worden war, begeistert aufsprangen wie von der Tarantel gestochen. Ich sprang mit; fühlte mich wie in einem fremden Völkerstamm, dessen Gebräuche, Sitten und Eigenarten ich nun kennenlernte, weniger mitgerissen, als häufig verwundert, wenn beispielsweise bei Demonstrationen die Bilder der Parteiführer vorangetragen wurden wie katholische Heilige an ihrem Ehrentage.

Das hörte nie auf. Auch als wir realistischer geworden waren, verbat sich keiner aus dem Politbüro solche Anbiederung mit seinem

Konterfei. Als Johann Strauß zur Uraufführung seiner Operette »Indigo« fuhr, erblickte er vorm Theater seinen Namen in Riesenlettern – und wurde deshalb für Sekunden ohnmächtig! Und unsere Operettenhelden hielten sich für so vorzeigbar – das mochte mit dem Brauch im Sowjetland zu tun haben, wo dem rechtgläubigen Volk seit 1917 die neuen Heiligen, vor denen sich wiederum manche bekreuzigten, gezeigt wurden. So oder so muß jedem Volk sein Opium verabreicht werden. Daß »die Partei immer Recht« habe, schien dabei ein nicht weiter ernst zu nehmender Schnörkel. Als ich aber ältere, durchaus vernünftige Menschen von »der Mutter Partei« reden hörte, taten sie mir leid.

Unser Jahrgang 1926 ist skeptisch. Unter Hindenburg geboren und eingeschult, unter Hitler unterrichtet und gedrillt, dann der lange Krieg, sein Ende mit langwährenden Folgen – uns können sie nicht mehr viel vormachen. Wer nach erlebten vierzig DDR-Jahren in die Einheit gelangte, wird mit doppelter Staatserfahrung weitere Vergleiche anstellen können.

Bald hieß es 1949 »Partei neuen Typus«. Es gab eine Überprüfung der Mitglieder. Da saßen Kommissionen monatelang hinter Schreibtischlampen und sahen sich jeden genau an. Der Begriff »Sozialdemokratismus«, den man öfter hörte, war beinahe schlimmer als »ehemaliger Nazi«. Außerdem wurden neue Mitgliedsbücher ausgegeben, feierlich »Parteidokument« genannt; obwohl man mit ihnen nichts anderes anfangen konnte als Beitragszahlung bestätigen zu lassen, umgab sie ein Heiligenschein, vom Sowjetland bestrahlt. Wer das Papier verlor, bekam viel Ärger. Als ich nach der wegen meiner Jugend kurzen Überprüfung, zu der auch die amerikanisch-schottische Kriegsgefangenschaft wenig bot, aufstand, kullerte mir vom Rockaufschlag das Parteiabzeichen zwischen die Füße des Vorsitzenden, was ihn zu der ernsten Ermahnung veranlaßte, wenn ich künftig ebenso auf mein Parteidokument achten würde ... So war von Anfang an nicht alles sympathisch.

Später einmal, zu »Wochenpost«-Zeiten, mußten wir einen langen Fragebogen ausfüllen. In Klausur. Aus dem Kopf Wohnadressen wissen, Tätigkeiten und anderes. Uns gegenüber mehr Mißtrauen als zur übrigen Bevölkerung. Danach gab es wieder ein neues Parteidokument, mit dem man nichts anfangen konnte als Beitragszahlung bestätigen lassen. Ich ließ es bei der Parteileitung verwahren. Sah es zur Beitragszahlung. Mochten sie darauf aufpassen, wenn es so kostbar war.

Es wurde das Parteilehrjahr eingeführt. Keine schlechte Sache, solange es sich um Bildung handelte. Die war aber zunehmend einseitig. Dabei kommt, das hätten die Veranstalter wissen müssen, auf Dauer nichts Gescheites heraus.

Um 1962, genau weiß ich es nicht mehr, wurde ich als Lehrer eines solchen Zirkels eingeteilt, zu dem, wie in der »Wochenpost« üblich, parteilose Redakteurinnen und Sekretärinnen gehörten. Des verordneten trockenen Tones satt, ging ich mit allen jeden Monat in ein anderes Berliner Museum. Meiner Behauptung zufolge, wir würden überall etwas finden zu unserem Thema. Jedenfalls im Postmuseum illegale Sender aus Konzentrationslagern, im Museum für Deutsche Geschichte vielerlei, ebenso im Märkischen, in dem einige seit der Schulzeit nicht mehr gewesen waren. Oder im Naturkundemuseum. Wir gingen zu den Alten Ägyptern, zum »Eisenwalzwerk« und zu Liebermann. So erlebten wir – ich wurde dabei nicht dümmer – Geschichte, durch Kunst und Kultur vielfältig begreifbar, und kamen über die Monate. Im nächsten Jahrgang brauchte man diese meine Art Parteilehrjahr nicht mehr. So bekam ich mehr Zeit für mich und zum Schreiben.

Bald nahm das Parteilehrjahr, an dessen mich langweilende Themen ich mich nicht erinnere, peinliche Formen an. Zum Beispiel sagten einige in der Diskussion: »Wir« müssen dies oder jenes tun, um zu erreichen, daß – Stammtischgerede. »Wir«! Ohne daß diese allerkleinsten, geringfügigen Lichtlein in der Politik begriffen, wie bedeutungslos unser »Wir« gemacht worden war. Solche Äußerungen, dem in früheren Tagen erhofften und versprochenen Mitregieren entsprungen, zeigten nicht begriffene Ohn-Macht an. Es regierten ganz andere. So wurde das Parteilehrjahr, ungeachtet qualifizierter Beiträge einiger unserer Kollegen, zu einem wirkungslosen Heimgarten im Treibhaus. Daran teilzunehmen hatte ich längst keine Lust mehr. Zeit ist etwas so Kostbares.

Im Schriftstellerverband gab es in der SED-Grundorganisation, der ich als im Berliner Verlag Angestellter nicht angehörte, was von Vorteil war, ebenfalls ein Parteilehrjahr. Ich nahm dort um 1977 teil, weil mein langjähriger Freund John Erpenbeck philosophische Kost anbot, von der ich zwar nicht viel verstand und verstehe, ich sehe überall eher poetische Bilder und ironische Beziehungen – ging aber regelmäßig hin, aufmerksam zuhörend. Irgendein Satz blieb zum Nachdenken für den Nachhauseweg.

Im Jahrzehnt bis Ende 1989 nahm ich an Schwejks Parteilehrjahr teil. Beim Schriftstellerverband eingeladen sagte ich, es wäre meine »Wochenpost«-Grundorganisation zuständig. Meinen »Wochenpost«-Genossen erklärte ich, ich nähme teil im Schriftstellerverband. Und fuhr lieber nach Hause. Erwartete zwar den großen Ärger, der kam nie. Manches erledigt die auch deshalb kostbare Zeit.

Die Versammlungen wurden zu einer Art Redaktionssitzung, was ihre Entbehrlichkeit zeigte.

Daß ich nie für Funktionen in Frage kam – war es die falsche Kriegsgefangenschaft? Oder meine beizeiten erkannte politische Unfähigkeit? Nur einmal im Jahr war ich wichtig. Als Vorsteher der Wahlkommission. Die machte immun. Man konnte nicht gewählt werden. Vielleicht war es meine seriös-heitere Darbietung der Formalitäten, die so erfreute, daß ich es alle Jahre wieder machen mußte. Ich sorgte in dieser erhabenen Funktion nämlich dafür, daß in den Ecken wirklich unbeobachtet gewählt werden konnte, angekreuzt, Namen hinzugefügt oder gestrichen. Die Wahl der Parteileitung war geheim, auch wenn in den Jahren nach 1975 in jeder Redaktion einer der Stellvertretenden Chefredakteure automatisch Parteisekretär wurde. Das war nicht von Übel, solange es einen gescheiten und anständigen Menschen betraf. Da aber kaum jemand nach einem Amt zu streben vorgab, lief alles wie von der höheren Parteileitung vorgesehen. Dennoch wurden bei uns unliebsame Kandidaten beiderlei Geschlechts nicht gewählt. Das lag am anderen nie verständlichen »Wochenpost-Geist«.

War es 1964, daß ich zur Parteihochschule delegiert werden sollte? Helf er sich! Statt längerer Ausflüchte, falls damals überhaupt ein Genosse welche zu äußern gewagt hätte, sagte ich einfach: Nein. Konnte bereits auf literarische Bemühungen verweisen, die mein künftiges Dasein bestimmten sollten, auf einen Literaturpreis der Gewerkschaft. Mögen die Chefs das Risiko gescheut haben, sich bald wegen eines ungeeigneten Schülers verantworten zu müssen, jedenfalls blieb ich ungeschoren, zumal eine parteiverbundene Mitarbeiterin gern ihre Chance nutzen wollte.

Meine Parteibeiträge, und manchmal waren sie hoch wegen der Buchhonorare, zahlte ich angemessen. Wollte unangreifbar bleiben. Ideologische Unklarheit als parteifremdes Vergehen konnte selbstzerknirschend repariert werden. Der Partei aber Geld vorenthalten? Da würden alle einstimmig zuschlagen – es lohnte also nicht die entnervenden Komplikationen. Ich trat Anfang 1990 aus. Um einiges zu spät. Wegen eines Gefühls unangebrachter Fairneß gegenüber einem Apparat, denkend, da der Parteiverlag dir dein Monatsgehalt zahlt ...

Heute bin ich parteilos. Und genieße das. Bin aber linkslastig, wie das meine Ärztin sogar an meinem Herzen feststellt.

Frage mich manchmal, wozu es überhaupt Parteien gibt oder geben muß?

Keine Flitterwochen

Wir hatten am 14. Februar 1953 geheiratet, zufällig, nicht dem heutigen Valentinstag als US-Import gehorchend, denn seinerzeit war beim Standesamt gerade der Termin frei. Nachdem ich zwei Tage zuvor wahnsinnige Zahnschmerzen behandeln lassen mußte und uns – lauter Warnzeichen! – auf der Fahrt zum Standesamt ein Verkehrspolizist anhielt am Antonplatz, weil wir zu fünft im Taxi saßen ... Ich sagte aus dem Fenster: »Lieber Freund« – damals konnte man seinen Volks-Polizisten so anreden – »wir sind auf dem Weg zum Standesamt ...« Da gab er unseren Weg frei.

Wir feierten bei Emma Mehlberg, wo ich zur Untermiete wohnte. Eine rührend freundliche, patente Frau, Jahrgang 1881, die im Ersten Weltkrieg eine der ersten Berliner Taxifahrerinnen gewesen war. Es gab noch eine Untermieterin. Jeder schrieb nach den Zahlen der Gasuhr auf, was er verbraucht hatte beim Kochen. Frau Mehlberg rechnete monatlich alles aus. Wir verstanden uns großartig.

Es war ein altes Berliner Haus. Die Toilette eine halbe Treppe höher. Aus dem schmalen Fenster blickte ich über die Dächer in der Ferne auf hohe Bäume. Daß sie zu dem größten Jüdischen Friedhof

Mitteleuropas gehörten, ahnte ich nicht. Oder wie sehr ich mich eines Tages mit ihm beschäftigen würde.

Frau Mehlberg hatte als gelernte Fleischermamsell, und wie lebhaft erzählte sie mir aus diesen Tagen, uns auf meine Bitte zur Hochzeitsfeier ein Füllhorn geformt aus Schinken – doch es sah aus wie 1910, ein bißchen blaß. Es gab genug zu essen. Wir konnten uns neue Kleidung leisten. Den Brautstrauß brachte mein Vater aus West-Berlin mit. Es wurde eine schöne Feier mit Freunden und wenig Verwandtschaft.

Wir hatten ein Wochenende für uns. Eine Wohnung hatten wir nicht. Besuchten uns bei passender Gelegenheit. Hatten aber Glück und bekamen drei Monate später anderthalb Zimmer zugeteilt, mit einer geräumigen Küche, fielen jedoch bald in der Nachbarschaft unangenehm auf, weil wir noch keine Fahne angeschafft und aus dem Fenster gezeigt hatten. Wurden auch ein bißchen denunziert deswegen. Wer wußte denn, daß wir Frau Mehlberg das Schlafzimmer der Kinder ihres Bruders mit Ratenzahlung abgekauft hatten? Ach, wir mochten uns nicht einmal Freunde zum Abendbrot einladen, weil wir nur zwei Messer besaßen.

Pressekonferenzen

Hin und wieder schickte man mich zu Pressekonferenzen des Amts für Information, das es bis Ende 1952 gab. Sie fanden im Steinsaal statt, einem kalt-dunklen Gehege im Gebäude der Nationalen Front am Thälmannplatz, der nun wieder Wilhelmplatz heißt. Dort hatte vormals Goebbels seine Redakteure zähmen lassen.

Da stand eines Tages ein schlanker Engländer am Pult und erklärte, er würde nicht länger die Füllfeder der Kriegsbrandstifter sein! Es war der Reuter-Korrespondent John Peet.

Ich begriff zunächst kaum, welche Sensation ich miterlebte.

Später schrieb John Peet für die »BZ am Abend« kleine Artikel über Verhältnisse in Großbritannien, die ich übersetzte.

Lange Jahre gab Peet ein Blättchen heraus, das er in einem kleinen Büro in der Friedrichstraße zumeist selber schrieb und unter dem Titel »Democratic German Report« veröffentlichte. Dann ließ er sich, wohl aus Enttäuschung über den mißlingenden Sozialismus, einen langen Bart wachsen, der ihn bis in sein Grab begleitete, nur wenige Meter entfernt von Theodor Fontane.

Bei einer dieser Pressekonferenzen verteilten die Nordkoreaner ein umfangreiches, großformatiges Schwarzbuch in englischer Sprache, das sich mit dem bakteriologischen Krieg gegen ihr Land befaßte. Heute kann ich nicht sagen, was daran wahr ist. Damals beeindruckte es. Ich las und las und kam auf den Einfall, darüber für Deutsche schreiben zu müssen. Der Koreakrieg, der 26. Krieg in unserem Jahrhundert, hatte 1950 begonnen. Einseitig informiert, befürchtete nicht nur ich, es ginge auch in Europa wieder los. So entstand mein erstes Buch, von dem ich mich ungeachtet aller Laienhaftigkeit, mit der es verfaßt wurde, nicht abwende.

Ich weiß, was Krieg ist. Und die Mitmenschen wußten es damals auch noch. Ich hatte endlich eine befriedigende Arbeit gefunden, Unterkunft als Untermieter. Dazu eine Sanfte, die auf dem Betriebsfest zum fünfjährigen Bestehen des Berliner Verlages zu mir gesagt hatte: »Sie sind ein ganz häßlicher Mensch!« Das wußte ich schon immer; sie aber meinte damit, daß ich abseits saß und sie nicht zum Tanz aufgefordert hatte.

Ich besorgte mir aus der Berliner Stadtbibliothek, was immer ich zum Thema solchen Krieges fand. Da war vor allem die Geschichte der Pest und anderer an den Kriegen beteiligten Krankheiten. Ich lieh mir eine Schreibmaschine, kaufte bald eine, weil sie wichtiger war als Möbel oder Kleidung.

Und schrieb und schrieb. Keine Ahnung, wie man ein Buch macht. Eher mit dem Gefühl für das Was und Wie. Und Warum sowieso.

Als Stalin Anfang März 1953 starb, hatte ich gerade Urlaub. Saß in meinem möblierten Zimmer in der Bizetstraße 60 und tippte. War nicht traurig wie so viele, die nun weinten, sondern eher besorgt, dachte: »Oh, weh, wer wird denn nun unsere Sache mit Autorität vertreten? Denn es gab wohl keinen repräsentativen Nachfolger.

So verbrachte ich beim Anhören der Rundfunktrauer – schönste klassische Klänge – mein Buch zu Ende, in dem der Satz »wie Stalin lehrt« allerdings einmal vorkommt. Das war so eine Art Pflichtvermerk. Zwar war Stalin tot, aber noch längst nicht außer Kurs. Erst

1956, durch Chruschtschows geheime Rede, änderte sich einiges, bei uns jedoch zu wenig. Sie wurde nur in Portionen veröffentlicht. Ich griff mir die New York Times, die druckte den Wortlaut auf einer ganzen Seite, die ich bis heute bewahre in meinem kleinen Zeitungsmuseum.

Einigen brach 1956 eine Welt zusammen. Das kommt davon, wenn man sich zu sehr vereinnahmen läßt und zu gläubig ist. Und, siehe da, es wiederholte sich Ende 1989, als in dem »Wende« getauften Wechsel wiederum für recht viele ihre Welt zusammenbrach.

1953, mein Manuskript ... Zwei Verlage lehnten ab. (Wer war denn ich?) Schließlich nahm es der Dietz-Verlag. Fritz Schälike, der damals 55jährige Verleger, lud mich ein und fragte mich nach herkömmlicher, längst abgeschaffter Weise, was mein Buch kosten solle. Wieder einmal war ich auf solche Frage nicht vorbereitet und sagte: »Daß die Leute es kaufen können.« Als es 1955 erschien, war der Koreakrieg zum Glück längst zu Ende. Die mir nur dem Namen nach bekannte Recha Rothschild hatte in ihrem Gutachten mein Manuskript befürwortet.

Das Buch kostete 5,50 Mark. Die Auflage betrug 6000. Doch Sammler müssen heute dafür schon allerhand bezahlen. Mein Gefühl, als ich es in einer Buchhandlung Unter den Linden im Schaufenster liegen sah ...

Ich habe nur noch mein erstes Exemplar. Denn man ist töricht, wenn man beginnt. Und verschenkt die fünfzig Belege (so viele bekam man früher), ringsherum, darunter an viele, die es überhaupt nicht gelesen und oder verdient haben.

Anzumerken: Ein sehr sorgfältiger Lektor kam mehrmals ins Haus. Wir kontrollierten gemeinsam meine Schreibfehler. Das von mir gewünschte Personenregister durfte nicht sein, weil der längst einbalsamierte (und neben Lenin ausgestellte) Genosse Stalin sonst in eine unerwünschte Nachbarschaft mit USA-Bakteriengenerälen geraten würde. Helf er sich.

Längst weiß ich, daß über diesem Lektor, weil er zur Hitlerzeit in die Schweiz emigriert war, Stalins Damoklesschwert gehangen hatte. Der Mann war sehr ernst und zurückhaltend. Wußte er 1954, ob die West-Emigranten erneut verfolgt werden würden? Wußte er, wer ich war?

Jener 17. Juni

Er begann schon am 16. Juni 1953 nachmittags. Allwöchentlich wurden Redakteure von Betriebszeitungen – und mich schickten sie aus der Bildagentur Illus-Bilderdienst auch ein paarmal hin – in der Berliner SED-Bezirksleitung auf Wichtiges hingewiesen. Wenn ich mich nicht sehr irre, war der mit uns Beauftragte ein Sekretär namens Heinz Brandt, der später nach West-Berlin ging, von dort zurück in die DDR entführt wurde und mit Gefängnis bestraft. Er hatte schon bei Hitler im Gefängnis gesessen. Vom Alter her könnte mein Erinnern an ihn zutreffen. Er war seinerzeit Anfang Vierzig und machte auf mich keinen sonderlich gescheiten Eindruck; war bloß einer jener Parteifunktionäre, mit denen man zu tun bekam. Hatte er einen leichten Sprachfehler?

Jedenfalls mir kam das so vor, weil er mit dem Wort »Betriebszellenzeitung« seine Mühe hatte. Dabei gab es gar keine »Betriebszellen« mehr. Das war ein Begriff aus ferner KPD-Zeit vor 1933. Und er benutzte ihn immer noch?

Aus seinem Fenster konnten wir bis Unter den Linden sehen. Also war er kein kleiner Mann. Die SED-Bezirksleitung befand sich in einem vormaligen Bankgebäude in der Behrenstraße am Bebelplatz. In der Ferne zog eine Demonstration in Richtung Friedrichstraße, war wohl auch hörbar. Das störte Brandt nicht, der einen Anruf erhielt; daher waren auch wir nicht beunruhigt. Ja, Bauarbeiter marschierten. Die von der Stalinallee. Sie trugen auf lässiger Schulter Transparente und Fahnen. Es kümmerte niemanden. So kehrten wir zu unserer Arbeitsstelle zurück. Es lag aber eine ungreifbare, ganz andere, irgendwie gewitterschwüle Stimmung über uns und der Stadt. Ich fuhr gegen 17 Uhr nach Hause. Hörte spätabends die Nachrichten der Schweizer Depeschenagentur aus Bern, die ich mir schon im Kriege, wenn der Empfang gelang, in Ohr und Hirn geholt hatte. Schon ihr Name besagt, da bekam man Nachrichten, die es sonst nicht gab. Die West-Berliner Rundfunksender meldeten eingefärbte Ware. Unser Rundfunk war ahnungslos.

Am anderen Morgen hatte ich Frühdienst. War um sieben in unserer Redaktion in der Jägerstraße 65. Von dort konnte man bis zur Friedrichstraße sehen. Die Straßenecke lag sandig. Die Trümmer des Krieges weggeräumt. Jahre später gab es hier einen Gedenkstein für Ernst Zinna, den 17jährigen Schlossergesellen, der in den Märztagen 1848 mit Säbel und Pistole den Rückzug der Revolutionäre gedeckt hatte und dann selber dem Angriff der Regierungstruppen zum Opfer fiel. Längst ist die Zinna-Tafel verschwunden. Wohin? Die Ecke zur Friedrichstraße ist neu bebaut. Endlich kann ich den Begriff »Überbau« verstehen.

Jedenfalls war ich gerade am Toilettenfenster, als ungewohnter, jedoch verhaltener Lärm mich hinausschauen ließ. Es latschte ein Menschenstrom mit Schildern langsam die Friedrichstraße entlang in Richtung Leipziger, lose Viererreihen, ohne Gleichschritt. Die Bauarbeiter von der Stalinallee. Wie sie am 1. Mai oder bei anderem Anlaß trotteten. Heute vielleicht ein wenig angespannter? Was war zu erwarten am Ziel? Da kam vom Gendarmenmarkt her fast lautlos ein Konvoi sowjetischer Militärfahrzeuge angerollt. Durch unsere Jägerstraße. Vorn, oben im ersten Wagen, ragte ein Offizier. Mit freundlich weitausholendem Armrudern, als wolle er Mückenschwärme zerteilen, begehrte er Vorfahrt. Die er bekam.

Die Demonstranten hielten an und ließen die Kolonne durch. Was sie vom Straßenrand aus nicht sehen konnten, ich aber aus meinem schmalen Toilettenfenster: In jedem Schützenpanzerwagen hockten dich an dicht geduckt und nur an den runden Helmen auszumachen, wie Schildkröten, an die 25 Mann. Menschliches Kopfsteinpflaster.

Die Kollegen kamen. Der Alltag konnte beginnen, begann auch, wie sonst aber nicht. Sollten wir unsere Fotografen zu den für heute vorgesehenen Aufträgen schicken? Wohl nicht. Gab es für sie neue Einsätze? Brennpunkte? Offiziell keine. Einige Bildreporter erschienen nicht. Wir nahmen an, sie würden später Filme bringen. Der 17. Juni war ja noch nicht »Der 17. Juni«.

Exkurs: Da ich ihn mehrfach ergebnislos aufgefordert habe, seine Geschichte mitzuteilen, was unser Fotograf Horst Sturm nie tat, weder schriftlich noch mündlich, leider, sei hier erzählt: Das Foto, das Robert Havemann zeigt am Hermannplatz in Berlin-Neukölln (8. Juli 1950), hat unser Bildreporter Horst Sturm aufgenommen. Havemann, an beiden Händen von zwei West-Berliner Polizisten (damals noch mit Tschako) abgeführt. Er ruft, und es ist zu sehen, daß man ihn festnimmt, weil er gegen die Atombewaffnung demonstriert. Er sprach damals sehr vielen in Ost und West aus dem Herzen. Unmittelbar nach der Aufnahme wurde Sturm festgenommen und in einen Transporter der West-Berliner Polizei geschoben. Dort spulte er unbeobachtet den Film aus seiner Kamera, schob ihn zwischen die Wurstscheiben seiner Stullen – dazu muß man wissen, daß zu jener Zeit der Lebensmittel-Rationierung ein mitgeführtes, sogar irgendwie belegtes Brot in der Tasche geradezu lebensnotwendig war. Sturm lieferte wie unbeteiligt all seine Filme bei der Untersuchung ab, auch die unbelichteten, wurde bis zum anderen Morgen festgehalten und erschien übernächtigt früh bei uns in der Jägerstraße, beim Illus-Bilderdienst. Im Labor entstand bald *das* Foto von Robert Havemann, das einzigartige, im Entwicklerbad und wurde sofort an die Presse gejagt. Und wer dabeigewesen ist, vergißt es nicht. Heutzutage wird das (in Ost bald wegen Havemann verpönte, in West wegen seiner Ächtung der Atombombe ungute) Foto mit anderem Urhebervermerk vermarktet. Letzthin schnitt die »Berliner Zeitung« sogar die beiden Polizeibeamtenhände mit den Handschellen von Havemanns Handgelenken weg. Was Geschichts-Retuscheure künftig bei Robert Havemann weglassen werden?

Zwar waren unsere Chefs am 17. Juni guter Dinge. Es hatte am Vorabend als Antwort auf die Demonstranten aus der Stalinallee im Friedrichstadtpalast, der 3000 faßte, eine Versammlung des Berliner SED-Parteiaktivs gegeben. Ministerpräsident Grotewohl hatte gesprochen. Zum Schluß war die »Internationale« gesungen worden. In Kampfesstimmung: »Wir sind die stärkste der Parteien« (das behauptet doch jede von sich) waren alle enthusiasmiert nach Hause gegangen.

Bei Tage sah man's anders. Die großen Betriebe streikten. Im ganzen Lande, wie sich später herausstellte.

Meine Frau wartete früh am Antonplatz auf ihre Straßenbahn, die kam aber nicht, sondern ein Riesenzug Arbeiter aus den Niles-Werken, die hießen »7. Oktober« nach dem Tag der Gründung der DDR. Über die ganze Straßenbreite streifend zwangen sie alle zum Mitmarschieren. Das waren um diese Tageszeit zumeist Angestellte, die gar nicht wußten, wie ihnen geschah. Und auch nicht »warum?«, denn sie hatten keine Arbeitsnormen, die gesenkt werden müßten.

Jedenfalls fand hier, trotz mitgeschleppten Fußvolks, kein »Volksaufstand« statt. Die Menschen, von denen die meisten das Kriegsende heil überlebt hatten, wollten nämlich bloß und möglichst bald besser leben.

Am S-Bahnhof »Greifswalder Straße« rückte meine Frau mit anderen Frauen verängstigt dem Getümmel aus, erwischte irgendeine Bahn und erreichte ihre Arbeitsstelle in der Hannoverschen Straße im Bezirk Mitte. Wir telefonierten, erhofften gesundes Wiedersehen. Drei Monate nach unserer Hochzeit! Gegen Mittag wurden dort alle nach Hause geschickt.

In unserer Bildagentur blieb alles ruhig. Nur wußte keiner, was eigentlich los war. Aus dem Radio klang leichte Musik. Selbstverständlich wurde kein Westsender eingeschaltet.

Horst Klein, einer unserer freien Mitarbeiter, war mit richtigem Riecher gleich den Demonstranten gefolgt zum Haus der Ministerien zur Wilhelm-, Ecke Leipziger Straße und hatte, wie sich das gehört, mit Blende 8, hoch und quer, alles aufgenommen, was er für wichtig hielt. Womöglich auch Fritz Selbmann, der sich als einziger Minister der feigen Regierung gewagt hatte, von einem Tisch aus zu den Versammelten zu reden, bis er mundtot geschrien wurde. Es war zu spät.

Da packten unauffällige Sicherheitsleute unseren Hors Klein an den Händen, zogen ihn beiseite, nahmen ihm alle Filme ab, auch die unbelichteten – keine Chance mit dem Frühstücksbrot ... Daher werden wir wohl nie zu sehen bekommen, was er am 17. Juni fotografiert hat. Man zeigt uns nur immer die Filmaufnahmen westlicher Kameras vom Postsdamer Platz: Steinewerfer und sowjetische Panzer. Wen gab es denn noch? Da sind viele Lücken.

In der Redaktion blieb alles ruhig. Auf dem Hof riefen sich Kraftfahrer mit blöder Genugtuung zu: »Die HO brennt«. Es konnte nur ein Zeitungskiosk in der Friedrichstraße gewesen sein. Dann bald im Berliner Rundfunk die Stimme des Rundfunksprechers: Der Ausnahmezustand sei erklärt. Oder gar das Standrecht? Was ist der Unterschied? Dazwischen einigermaßen beruhigende Musik – Ragtime auf der »Titanic« –, dann wurde alle Viertelstunde die Meldung wiederholt. An ihrem Ende: »Dibrowa, Stadtkommandant«. Von dem hatte bislang kaum jemand gehört.

Später Panzerketten. Das konnten nur sowjetische sein. Vor denen pflegen Deutsche auszureißen. So auch vor unseren Augen. Aus der Glinkastraße eilte vielerlei verstreutes Volk, meist männliches, vorbei, dann querfeldein über die Freifläche zur Friedrichstraße in Richtung Unter den Linden. Darunter ein junger Mann. Er stockte beim Weglaufen unter unseren Fenstern, um aus seinen hellen Bauarbeiterhosen zu steigen. Unter denen trug er gewöhnliche Straßenhosen. So konnte er unverdächtig den vermuteten Verfolgern entflitzen. Es kamen nur keine. Er zog sich beruhigt um. Bis heute weiß ich nicht: war er nun ein echter Bauarbeiter von der Stalinallee, der wegen der Normenerhöhung protestiert hatte? Aber wer zieht Mitte Juni, es ist warm genug, zwei Hosen übereinander an?

Um die Mittagsstunde marschierte von Unter den Linden her unangefochten eine deutsche Kolonne, etwa dreißig Mann in deutschen Schaftstiefeln, mit deutschem Gleichschritt die Friedrichstraße entlang in deutscher Dreierreihe in Richtung Stadtmitte, also gen Westen. Noch oder wieder ohne Uniform, doch vereint durch Gesang: »Mein Schlesierland, mein Heimatland«. Was sollte das denn zum Thema Normensenkung bedeuten? Seltsame Formation. Rückstand aus endgültig erledigt geglaubten Hitlertagen.

Ohne »Des Vetters Eckfenster« von E. T. A. Hoffmann zu kennen, von Egon Erwin Kisch einst »das beste Feuilleton deutscher Sprache« genannt, hatte ich es erlebt, nahebei, an diesem Tage.

Der ausgerufene Ausnahmezustand bewirkte, daß wir uns beizeiten auf den Nachhauseweg begeben mußten. Regenschauer hatten zur Beruhigung beigetragen. Nichts fuhr mehr. Wir waren zu zweit, Kollege Wolfgang, wobei sich herausstellte, daß wir nicht weit voneinander entfernt wohnten. Wir steuerten gen Nordost. Umgingen die vermutlich gesperrten Straßen und erreichten die Kastanienallee, wo Frauen, die auch noch wußten, was Krieg bedeutete, mit ihren Kindern beunruhigt vor den Häusern standen, in denen sie wohnten: Was wird morgen sein? Wer konnte antworten? Dann liefen wir die Pappelallee entlang. An der Wisbyer Straße nach rechts bis zur Spitze, wo sich drei Bezirke treffen. Nun geradeaus, die Gustav-Adolf-Straße bis zum Hamburger Platz.

Hinter den Friedhöfen trennten wir uns. Hatten uns in den zwei Stunden, die wir bis hierher gebraucht hatten, unterhalten wie nie

zuvor. Was würde morgen sein? Der nächste Krieg? Wir waren uns einig und sagten es uns laut: »Nun muß Ulbricht weg!« Er war erledigt. Hatte für diese Verhältnisse gesorgt. Ihn konnte, durfte es fortan nicht mehr an der Spitze geben, wenn es weitergehen sollte.
Es gab ihn weiterhin.

Als in den nächsten Wochen das Große Reinemachen begann, weil wieder die Untertanen an allem schuld gemacht werden mußten, gab es auch beim Illus-Bilderdienst das vorgeschriebene selbstkritische Zerknirschen in den Versammlungen. Jedoch kein Schlachtfest.

Wolfgang – keiner von uns denunzierte den anderen wegen seiner Äußerungen auf dem Nachhauseweg.

Das bleibt meine reinste Erinnerung an diesen 17. Juni 1953.

Mein erster Chefredakteur

Rudolf Herrnstadt war 45 Jahre alt, als ich ihn Anfang Dezember 1948 erlebte. Kennenlernte kann ich nicht sagen. Aber den Händedruck des Berühmten vergaß ich nicht.

Am 19. November war im »Neuen Deutschland« ein Artikel erschienen, dessen Überschrift allein Aufsehen erregte: »Über ›die Russen‹ und über uns«. Damals sagte bei uns niemand »Russen«; das hatte ich schnell gelernt. »Russen« sagten die Leute, denn sie hatten sie bei der Eroberung Berlins erlebt. Und nun schrieb Herrnstadt, die Russenarmee »kam in klobigen Stiefeln, an denen der Dreck der Historie klebte, entschlossen, entzündet, gewarnt, geweitet, in Teilen auch verroht – jawohl, in Teilen auch verroht«. Deutlicher ließ es sich nicht sagen; aber so hatte es noch niemand ausgesprochen. Leider habe ich diesen Artikel, der auch als Broschüre erschien, nicht aufbewahrt. Er öffnete neue Sichtweite. Irgendwo in diesem Text ist ein Buch genannt, die »Geschichte der Kommunistischen Partei der Sowjetunion, (Bolschewiki) – Kurzer Lehrgang«. Darüber nichts zu wissen empfand ich als Bildungslücke und kaufte mir das bei Brockhaus in Leipzig gedruckte kleinformatige Buch zu einem geringen Preis auf einem Nachhause-Umweg in der »Meshdunarodnaja Kniga«, was »Internationales Buch« bedeutet, nahe am Potsdamer Platz. Nahm es zu Hause mit ins Bett und las es wie einen Kriminalroman. Was wußte ich bis dahin von russischer und sowjetischer Geschichte? Nichts.

Herrnstadt, der mich in der Redaktionssitzung der »Berliner Zeitung« als neuen Kollegen einführte – ich merkte, daß ich mich zu weit nach vorn und sogar neben ihn, was ihn nicht störte, an den ovalen Redaktionstisch gesetzt hatte, anstatt hinten an der Wand einen mir zukommenden Platz einzunehmen. Herrnstadt erbat in jener Sitzung, es war die letzte unter seiner Leitung, von Heinz Lüdecke, nach dem heute noch eine Berliner Bibliothek heißt, statt Kultur »Kulturpolitik« zu machen. Susanne Kerckhoff, die sich bald darauf umbrachte, saß unter uns. Vergessene Namen.

Längst war beschlossen, daß Herrnstadt die »Berliner Zeitung« verlassen und zum »Neuen Deutschland« übewechseln sollte. Bis zur Ernennung eines neuen Chefredakteurs sollten der (stocktrokkene Bürokrat) Dr. Günter Kertzscher und der (zynische Könner) Dr. Georg Honigmann abwechselnd das Blatt leiten.

Ohne seinen Werdegang zu kennen – »Berliner Tageblatt« bei Theodor Wolff! –, bewunderte ich Rudolf Herrnstadt. Vielleicht deshalb, weil er sich so intelligent unterschied von den anderen in der Parteiführung, was ihm im Gefolge des 17. Juni 1953 schlecht bekommen sollte.

Er hatte damals im Sinn, aus der SED eine »Partei des Volkes« zu machen. Das bedeutete Aufgabe der angemaßten, aus Moskau verordneten führenden Rolle. Wenn die Geschichte die Gelegenheit gegeben hätte, es zu probieren …?

So verschwand nach dem 17. Juni der schwer Lungenkranke, dessen Atmungsorgane nach mehreren Operationen noch zu fünfzig Prozent funktionierten, laut »Verfügung« mit seiner Familie nach Merseburg. In die nächste Nähe der Chemiegiganten Leuna und Buna und ihrer sogar die Sonne trübenden Luft, die seiner Gesundheit den Rest gaben. Er durfte im Deutschen Zentralarchiv außer der angeordneten »technischen Beschäftigung« als Archivar arbeiten. Dreizehn Jahre lang, immer auf Rehabilitierung wartend.

Rudolf Herrnstadt starb am 28. August 1966. Seine Todesanzeige – ich habe sie – durfte nur im Hallenser Bezirksorgan »Freiheit«

veröffentlicht werden. Dort heißt es: »Er war ein aufrechter Mensch«. Die beiden Worte »und Kommunist« wurden gestrichen. Später erwirkte Jürgen Kuczynski eine Rentenzahlung für Herrnstadts Witwe. Seine Tochter Nadja gab 1990 »Das Herrnstadt-Dokument« heraus. Seine Tochter Irina wurde Schriftstellerin.

Was ich nicht begreife, ist Herrnstadts Parteitreue; sein ständiges Bemühen um Rehabilitierung, seine Briefe an die Obrigkeit, auch nach dem XX. Parteitag der KPdSU – anstatt rechtzeitig zu sagen wie andere vor ihm: Macht euren Dreck alleine!

Redaktionsproletariat?

Eines Tages, 1953, als wir im Verlag die Treppe herunterkamen, begegneten wir Hermann Leupold. Er hatte immer einen verblüffenden Satz bereit. Mal wurde man zu dick, ein andermal lobte er. Diesmal hieß es: »Wenn ihr jetzt nicht studiert, gehört ihr in fünf Jahren zum Redaktions-Proletariat!« Vermutlich hatte er sich dieses Wort ausgedacht, sah künftige Generationen ausgebildeter Journalisten unterwegs, meinte es wie immer gut mit uns.

Mit dem Proletariat war das so eine Sache. Meine Mutter beurteilte Benehmen (»Bitte nicht wie ein Prolet!«), bei Marx sollte es sich – »aller Länder« – vereinigen, bei Leupold drohte es Abstieg an. Immer von ihm als Vaterfigur beeindruckt, wollte ich mich zum Fernstudium anmelden. Andere waren schneller gewesen. Erst 1954 bot sich die nächste Gelegenheit. Das war recht günstig, denn an dem 53er Jahrgang probierten sie das meiste erst aus.

Bei Zentralbild saß ich Kurt Stolp gegenüber, einem älteren Mann, dessen Wesen so ruhig war wie seine Hand am Retuschepinsel. Er tilgte aus den Fotos vergangener Parteitage des In- und Auslands alle, die inzwischen Unperson geworden waren. Einmal passierte es. Ein Foto ging an die Presse, auf dem war, sich vorbeugend, bei einer Vertragsunterzeichnung, der längst gehängte, aber noch nicht wegretuschierte, erst später rehabilitierte ungarische Außenminister Laszlo Rajk zu sehen.

Stolp und ich unterhielten uns gut und über manches. Eines Tages sagte er beiläufig, im Berliner Verlag würde eine neue Wochenzeitung vorbereitet. Sofort machte ich mich bei Leupold bemerkbar. Ohne Stolp hätte ich vermutlich erst nach Erscheinen der ersten »Wochenpost« von ihr erfahren und zu spät. Von wie vielen Zufällen hängt unser Lebensverlauf ab?

Bei Leupold saß der künftige Chefredakteur. Als sie mich fragten, was ich tun wolle, antwortete ich mit vermutlich seltener Geistesgegenwart: Unterhaltung. Dafür brauchten sie einen. Ich fing am 15. Oktober 1953 bei dem Blatt an, dessen Namen noch nicht einmal feststand.

Ein Kind jenes 17. Juni

Daß die »Wochenpost« ein Ergebnis dieses Datums war, und nach mehr Wurst- und Käsesorten auftauchte als ein Lebensmittel, wußte kaum jemand.

Als ich in die leeren Räume in der Mauerstraße kam, saß dort ein Kollege, der sich als Günter Linde vorstellte, die nächste Stunde lang erzählend Gedanken entwickelte und gleich darauf weiter an Listen arbeitete. Er schrieb internationale Blätter auf, die unbedingt bestellt werden müßten. Da steuerte ich den »Marc Aurelio« bei. Den gab es wieder oder noch; im Kriege hatte ich ihn um 1942 abonniert, weil er auch in deutscher Sprache erschien. Ein italienisches Witzblatt. Was mir damals gefiel, schnitt ich aus und klebte es in alte Schulhefte. Es war eine Art Antwort auf die Latein-Fünfen mit roter Tinte. Diese Hefte überlebten tatsächlich den Krieg.

Dann erfuhren wir, daß wir endgültig »Wochenpost« hießen. Warum habe ich nicht Tagebuch geschrieben? Fast täglich jemand Neues. Manche kannten sich. Sie waren eigentlich alle irgendwie gescheitert; mal politisch, mal falsch beigeschlafen, wie dem auch sei, lauter gute Leute, die nun endlich *die* Zeitung machen konnten, die sie schon immer machen wollten. Nun durften sie.

Schließlich saßen wir zu neunt in einem großen Zimmer beisammen. Noch gab es keine Abteilungen, noch waren die Funktionen nicht verteilt; nur ich hockte über einer Unterhaltungsseite für die Nummer 1.

Karl-Heinz, ein gefeuerter Schuldirektor, war der Geeignete für Dichtung. Von ihm stammt der mitreißende Vers, der allerdings auf keinem Werbeplakat erschien: »Sogar der große Russe Schost- / akowitsch liest die Wochenpost«.

Es war nicht einfach, außer »Ost«, einen Reim auf »Wochenpost« zu finden.

Arno Schmuckler, weggeekelt vom Rundfunk, erzählte herrliche Witze und von seinem Motorrad. Bei diesem Geschwätz der noch Müßigen füllte ich meine Seite mit allerlei Denkaufgaben. Einiges hatte ich schon als Kriegsgefangener in Pennsylvania gesammelt. Für diese Zukunft?

Drei Schriftsteller, das war damals etwas Achtbares, begleiteten wie die drei Weisen die Geburt unserer Sehnsucht. Es waren Walther Victor, E. R. Greulich und Peter Nell, die uns zur offiziellen Gründung im Haus am Festungsgraben – (wo ich meinen Beitrag zu Stalins 69. erlebt hatte, was mir 1953 aber noch nicht wieder eingefallen war, denn erst das Alter erinnert uns an Orte) – wie die drei guten Feen Worte auf den Weg gaben, die nicht in den Wind geredet waren. Der Begriff »Unterhaltung« spielte eine Rolle. Nicht »Zerstreuung« durfte er bedeuten, sondern »Belehrung«; das hatte schon Horaz formuliert, und ich bediente mich seiner, um die Menschen »lächelnd zu bessern«.

Peter Nell, den ich nicht kannte, setzte sich neben mich und korrigierte meine vorbereitete Seite, indem er aus …. Punkten … machte, Kommas setzte, Kommas strich, Füllwörter entfernte, Sätze durch Gedankenstriche beruhigte – ich lernte in dieser Stunde mehr als in Schuljahren.

Das Grün der »Wochenpost« sollte, durfte erinnern an »Die grüne Post« (1927) von Ullstein. Als »Sonntagszeitung für Stadt und Land« erreichte sie im April 1929 die Millionenauflage. Die bis weit in den Krieg, bis Ende August 1944 erscheinende »Grüne Post« war mir als Lehrling bekannt. Ich traue zwar nicht ganz meinem Augenmerk, Ende 1942 im Druckhaus Tempelhof einen Stoß Titelseiten dieses Blattes mit der fetten Schlagzeile »Stalingrad genommen« erblickt zu haben. Aber wieso haftet diese Erinnerung? Eine auflagenstarke Wochenzeitung, das erlebte ich in der »Wochenpost«, konnte bei ihrer langen Druckzeit nur so die Aktualität einigermaßen wahren. Jedenfalls damals war das so. Höhepunkt bei der »Wochenpost«: Die von unserem Wissenschaftsredakteur Dr. Friedrich Schindler 1957 lange vorbereitete Zeichnung des ersten Sputniks. Wie er aussah, wußte keiner. Daß er kommen würde, war vorauszusehen. So schlugen wir mit unserem Titelblatt sämtliche anderen Zeitungen.

Die »Grüne Post« hatte 1934, mit Ehm Welk (1884–1966) als Chefredakteur, einen Skandal verursacht. Als der Reichspropagandaminister Dr. Goebbels sich über die »Gleichförmigkeit« der Presse, »ihre Langweiligkeit, über den Verzicht auf Kritik« beklagt hatte, antwortete Ehm Welk mit einem Leitartikel: »Herr Reichsminister ein Wort bitte!«, und nannte den mächtigen Minister »einen Freund des Witzes und der Ironie. Wer so arbeitet, wird nicht leicht gleichförmig. *Unsere* Grenzen sind da enger gezogen«, und warf ihm vor, es gäbe »tausend Vorzimmer« und so weiter. Das brachte Welk für einige Zeit ins Konzentrationslager. Freigelassen zog er sich in seine mecklenburgische Heimat zurück und schrieb seinen Erfolgsroman »Die Heiden von Kummerow«.

Weder die Regimes sind vergleichbar noch die Umstände. Aber ist es nicht merkwürdig, daß im unruhigen Herbst 1956 unser Chefredakteur Rudi Wetzel mit seinem Kollegium in einem durchweg höflichen Schreiben an das Politbüro der SED unter den gegebenen Umständen Pressefreiheit erbat. Er und die Parteileitung wurden dafür gefeuert. Von Jahr zu Jahr verschärfte sich diese Freveltat der »Wochenpost«, bis sie schließlich auf einem Parteitag als »konterrevolutionäre Plattform« deklariert abschreckend genug wirkte. Während die Auflage stieg. Und da niemand gezwungen werden kann, eine Zeitung zu kaufen, stimmte das Publikum mit 30 Pfennigen wöchentlich darüber ab, woran ihm zu lesen lag. Irgendein kluger Funktionär – es gab ja nicht nur dumme – aus der Abteilung Agitation sagte einmal, für so ungeheuer viele Leser, über eine Million, zu schreiben, sei eine Sache; »aber stellt euch vor, sie stünden alle vor euerm Haus versammelt«. So ergibt sich ein anderes Gefühl beim Zeitungmachen.

Die Rätsel lieferte, und las selber Korrektur, Herr Klein. Eines späteren Tages komponierte er arglos ein Buchstabenrätsel, nachdem ihm gesagt worden war, er möge in seinen Rätseln mehr sowjetische Begriffe unterbringen. Es war der Name einer Sowjetrepublik zu bilden. »Usbekistan« entstand aus »Basis« und »Knute« – oh, weh! Aber in der Abteilung Agitation, wo sie jede Zeile lasen, hatten sie zum Rätselraten keine Zeit. Herrn Klein wurde behutsam erklärt, harmlose Wörter zu bevorzugen bei solchen Themen. Die Leser liebten die Rätselseite, zumal das Kreuzworträtsel immer größer wurde.

Für die Denkaufgaben hatte ich irgendwo in Sachsen einen Lehrer entdeckt, der alles nachrechnete; vorher. Da war eine Aufgabe, die auf dem Papier unlösbar war – noch heute steckt bei mir im Regal das dreidimensional aus farbigen Drähten geformte Ergebnis, das ein Leser schickte.

Für Wortwitze sind alte Zeitungen eine gute Quelle. Bald erschienen die sogenannten Redaktionswanzen, die auf schmuddligen Durchschlägen uralte Witze anboten. Aus zweiter Hand nahm ich keine Zeichnungen, denn die Witz-Zeichner tauchten selber auf mit ihren Mappen. Lieferten auch auf Bestellung. Was mich am meisten verblüffte: Ich kannte zwei, drei von ihnen mit Namen, hatte ihre Bildwitze als Junge aus der Zeitung geschnitten und gesammelt. Jetzt stand der eine vor mir, legte seine Blätter aus – es gab ihn wirklich! Und es gab ihn noch! Humor überlebt?

Außerdem mußte ich für spannende Geschichten sorgen. Gerhart Eisler, der damals, 1954, der »Wochenpost« als Berater beistand, machte es vor, indem er ein Taschenbuch malträtierte und die passenden Seiten zusammenstrich; war es die umherrollende Schiffskanone bei Hugo? Fortan suchte ich in Büchern nach solchen Stellen, die sich auf Zeitungslänge bringen ließen. Begegnung mit Weltliteratur. Zunächst für mich.

Da gab es, das war Jahre später, eine Erzählung, bei der einem der Atem stockt: »Leiningen gegen die Ameisen.« Deren englische Version kannte ich, nutzte eine deutsche Fassung und hielt den Autor Carl Stephenson für einen längst verblichenen Engländer, bis eines Tages in meinem Zimmer ein Herr erschien, der sich als Carl Stephenson zu erkennen gab und Honorar erwartete. Er wirkte so, als ob er es nötig hätte. Bekam es auch und kaufte sich dafür im Osten einen Mantel. Denn zu jener Zeit vertiefte sich wirtschaftlich die Berliner Trennung.

Redakteur und Fernstudent

Nach einer Sonderreifeprüfung, ich erinnere mich an ein Gespräch, wurde ich zugelassen zum Fernstudium an der Fakultät für Journalistik an der Karl-Marx-Universität Leipzig. Statt der vorgeschriebenen schriftlichen Arbeiten hatte man gedruckte Beiträge anerkannt. So kam es, daß wir Ende August 1954 im Saal der Universität saßen, gleich neben der alten Universitätskirche, die der Denkmalschänder Paul Fröhlich als SED-Bezirkssekretär sprengen ließ. Er hatte auch Schuld, daß Menschen wie Ernst Bloch und Hans Mayer Leipzig und die DDR verließen. Fröhlichs wegen entstand zumindest unter den von ihm geschurigelten Intellektuellen das geflügelte Wort: »In Schkeuditz hört die Freiheit auf!« Ein Grenzort im Bezirk Halle, dessen Zeitung »Freiheit« hieß.

Unser Chefredakteur Rudi Wetzel (1909–1992) hielt bei unserer Immatrikulation die Festansprache als Vorsitzender des Verbands der Deutschen Presse. Mich überkam Rührung, weil ich die ganze Zeit dachte: Mit Achtundzwanzig kannst du nun doch noch studieren! Mir war, als hätte ich es weit gebracht im Leben.

Da die meisten Fernstudenten in Berlin lebten, fanden dort oft Seminare und Prüfungen statt, kosten- und zeitsparend. Die Vorlesungen, na ja. Interessant eigentlich nur »Deutsche Pressegeschichte«, wenn auch das Weggelassene den anregte, der ein bißchen mehr wußte.

In »Theorie und Praxis der Pressearbeit« bekam ich beim Staatsexamen eine »Drei«, die nur deshalb erwähnenswert ist, weil sie von Klaus Höpcke stammt. Der wurde später als »Zensurminister« beschimpft und hatte doch manches Buch mit List gerettet.

In »Englisch« gaben mir Leute, die diese Sprache bestenfalls aus der Schule kannten, eine »Zwei«, was mich kränkte. Hatte ich nicht aus der Kriegsgefangenschaft, aus Schottland eine Urkunde »Mit Auszeichnung« mitgebracht? Da sie aber nicht aus einem sowjetischen Lager stammte, war sie in Leipzig nur ein Stück vom Klassenfeind. Ich hatte bei jener Prüfung nahe Edinburgh auf Übersetzungen verzichtet, sondern den angebotenen Essay versucht: »Nutzen und Schaden des Films«. Es könnte ein frühes Feuilleton gewesen sein.

»Deutsch«, ein schönes Fach, aber nur in germanischer Untiefe angeboten, während wir nach praktischer Verwendung lechzten. Dennoch hatte das Zerlegen guter Texte guter Jounalisten seinen Nutzen. »Weltliteratur« bei Wieland Herzfelde legte Bildungslücken offen. Die Nebenmänner interessierten sich kaum. Es war kein Prüfungsfach wie »Grundlagen des Marxismus-Leninismus«, durch die ich mich mühevoll bei den Prüfungen stotterte. Nicht, daß ich etwas dagegen gehabt hätte; ich konnte nur die erwünschten Satzungetüme nicht formulieren.

»Russisch« war schlimm. Was für eine Sprache, wenn unsereins nicht einmal auf Anhieb die Buchstaben lesen kann! Man muß es wohl in jungen Jahren lernen. Mit uns, und ich war einer der jüngsten, quälte sich ein freundlicher Lehrer. Als es zur Prüfung kam, war er aufgeregter als wir. Ich erreichte eine »Zwei«. Unverdient. Da wir nämlich in »Pressegeschichte« die Rolle Lenins und seiner in Leipzig gedruckten Zeitung »Iskra« ausgiebig behandelt hatten, konnte ich beim Russisch-Übersetzen zum gleichen Thema diese Fakten einfüttern und auf die Frage, welche Rolle Lenin spielte, antworten: »eine hervorragende Rolle«.

Falls jemand fragt, weshalb ich statt der üblichen fünf sogar sechs Jahre fernstudierte? Nicht als Sitzenbleiber, sondern, es mag noch nachträglich verblüffen: Wie beim Sechstagerennen wurden wir neutralisiert. Für ein Jahr. Weil Wahlen waren. Um das bei dieser Gelegenheit gleich zu behandeln, ohne näher auf heutige Wahlen einzugehen: Im Lauf der Jahre, weil aus diesem Sonntag eine peinliche Zeremonie geworden war, gingen meine Frau und ich an einem passenden Termin vorher in das für Urlauber usw. eingerichtete Sonderwahllokal im Rathaus, wo man ohne Warten den Zettel nahm und abgab, wissend, daß in Moskau bestimmt wurde, was in Berlin geschehen durfte. So blieb uns der Wahlsonntag frei.

Das Fach »Stilistik« war mir das Liebste. Daher suchte ich mir beizeiten selber das Thema meiner Diplomarbeit: »Methoden der Pointierung in den Feuilletons von Victor Aubertin«, während andere abwarteten, bis ihnen etwas Politisches zugeteilt wurde. Das mochte seine Vorteile haben, weil Aktuelles gut bewertet wurde. Manche Arbeit war, als die Urkunden übergeben wurden, bereits durch die Beschlüsse des nächsten Plenums des Zentralkomitees überholt. Ähnlich wie der von der Partei bei irgendeinem Autor bestellte Roman über den Rinderoffenstall, der dann nicht erschien, weil das Rindvieh ohne Stallwärme längst verendet war und die Offenställe ebenfalls.

Ich schrieb an meinem Auburtin monatelang und begeistert. Lernte dabei Feinheiten der Formulierung, spürte aber, daß ich mich von meinem Vorbild beizeiten lösen mußte, um nicht Nachahmer zu werden. Lag lange nachdenkend auf dem Rücken unterm Tisch, eine gute Position.

Dozent war Siegfried Krahl, der, wie später festgestellt, »verdienstvolle Initiator eines ersten deutschen Wörterbuchs der Stilkunde« (1970). Damals, mit uns, erprobte er wohl die Anfänge. Sein Mitautor Josef Kurz schrieb mir 1984 zum Erscheinen der 6. Auflage, Krahl sei vor wenigen Jahren verstorben. Alt war er nicht. Man hatte dem Sensiblen an jener Universität wohl Lebensfreude und Arbeitslust gestört.

Krahl lehrte uns zwar nicht das Schreiben, aber den Umgang mit dem dazugehörigen Handwerkszeug, das sich hinter entmutigenden Fachbegriffen verbarg. Wirkung: Kaum jemand fühlte sich fähig, noch einen brauchbaren Artikel zu schreiben. Da schimpften alle auf Krahl. Der aber hatte damit manchen ihr ungelerntes Handwerk gelegt, die anspruchslose Holzhammerei, die Verwendung von Fertigstücken. Andere wieder holten sich aus der ihnen geöffneten Schatzkammer des Sprachgebrauchs – die dadurch reicher wurde –, was immer sie davontragen konnten. Als ich meine Arbeit fertig hatte, schickte ich sie an Krahl und bekam sie postwendend mit ein paar mich enttäuschenden Sätzen zurück. Die Restpunkte. Zu denen muß man sich aufraffen. So wurde es eine Eins, meine wohl einzige im Leben.

Woran heute zu erinnern ist: Ich habe jede Seite mit vier Durchschlägen eigenhändig getippt. Modernere Formen der Vervielfältigung kannten wir nicht. Scheußlich, wenn kurz vorm Ende einer Seite ein Tippfehler passierte. Dann mußte sie noch einmal geschrieben werden.

Bald nach dem Beginn des Fernstudiums wurde ich innerhalb einer Umstellung in der Redaktion in die »Politik« versetzt. Das war mir zwar nicht angenehm, machte mich aber nicht dümmer. So kam ich zu Günter Stillmann. Der ist ein eigenes Kapitel wert.

Günter Stillmann

Er wußte, wie ungern ich zu ihm in die Politische Redaktion kam, langte unter seinen Tisch und schenkte mir eine Apfelsine. Die konnte man damals nicht im Vorübergehen kaufen. Wir saßen uns gegenüber in einem großen Zimmer. Stillmann (1912–1986) stets mit offenem Hemdkragen. Wie in Israel üblich, bei seiner Ankunft im Asyl 1939 noch Palästina genannt.

Ich wußte nicht, daß er in Berlin als armer Junge aufgewachsen war, in einer Hutfabrik gelernt und durch die Begegnung mit Arbeitern politisches Denken erworben hatte. Frühe Erfahrungen mit den Nazis und der Judenverfolgung. In Tel Aviv in einer Diamantenschleiferei und anderen Berufen tätig, kehrte er auf Umwegen 1947 zurück. In der »Wochenpost« arbeitete er zwölf Jahre, ging dann zur »Neuen Berliner Illustrierten«; in deren Nachruf heißt es: »... ein Mensch von großer Herzensgüte, außergewöhnlichem Takt und unverdrossener Hilfsbereitschaft«. So habe ich ihn erlebt.

Das Zeitungmachen in der Politischen Redaktion war so einfach nicht. Mal mußte eine Seite, mal der Leitartikel geändert werden. Stillmann legte den Telefonhörer auf und sang die Zeile: »Deutschland, Deutschland über alles«, etwas Verächtlicheres kannte er nicht. Zuweilen kam er aus einer Leitungssitzung und erklärte: »Es wird euch nicht gelingen, mir den Sozialismus zu vermiesen!« Ich möchte, daß Günter Stillmann so in meinen Zeilen weiterlebt. Wegen solcher Stillmanns blieb man nämlich. Montags mußten die Kommentare in den Satz. Da wurde es Sitte, daß wir zu dritt übers Wochenende – Sonnabends wurde bis 14 Uhr gearbeitet – jeder einen schrieben. Und der Beste wurde genommen! Wie gesagt, »Wochenpost« war Leidenschaft und Glück.

Anfangs wurde viel getrunken in der Redaktion. Da ließ Stillmann zu seinem Geburtstag zwei Riesenkannen mit Buttermilch anliefern. Die reichten bis zum Nachmittag. Etliche aus anderen Redaktionen schauten herein, um das zu sehen.

Auch er war Fernstudent, verschwand aber nach dem ersten Jahr, hatte es wirklich nicht nötig. Nach den Seminaren bot uns Leipzig dreierlei an: den Zoo, ab und zu Pferderennen und stets Antiquariate, wo ich einen dicken Band »Leipziger Zeitung« von 1813 entdeckte, der mir aber wegen seiner zwanzig Mark zu teuer war. Stillmann steuerte die Hälfte bei, erklärte, es gehörte uns beiden – und fragte nie wieder danach.

In jenen Jahren mußte man sich zum Kauf eines Fernseh-Apparates anmelden, weil noch nicht genug produziert wurden. Plötzlich bekamen wir durch einen Nachbarn die Chance, mit seiner Anmeldung einen Fernseher zu erwerben. Es fehlten uns aber 200 Mark. Ich kam gar nicht dazu, ihn zu bitten, da gab mir Stillmann das Geld, ohne Schuldschein; ich zahlte es am nächsten Gehaltstag zurück.

Seine Frau Ilse, die er seit 1935 kannte, erst 1949 heiraten konnte, kam mir immer zu herb vor, weil sie nie lächelte. Ich wußte nicht, daß sie als »U-Boot« die Nazijahre überlebt hatte, als Zwangsarbeiterin und nicht entdecktes Mitglied der Widerstandsgruppe Herbert Baum. Mitte der Siebziger, als ich an meinem »Herrn Moses« arbeitete, gingen wir manchmal essen im Restaurant unterm Fernsehturm, wo es Zweiertische gab. »Stille«, wie ihn seine Freunde nannten, war von Kindheit an kein gläubiger Jude. Ich fragte und wunderte mich damals über seine Antwort, daß man immer Jude bliebe.

Seinerzeit in Palästina wurde er Mitglied der illegalen Palästinensischen Kommunistischen Partei, was nicht ungefährlich war, denn er konnte in irgendeine britische Kolonie abgeschoben werden. All das hat er in seinem Buch »Berlin – Palästina und zurück« (1989) beschrieben, dessen Erscheinen er nicht mehr erlebte, nur den Vorabdruck.

Ich hatte ihn bei jeder Gelegenheit gedrängt, seine Erinnerungen zu schreiben. Er wollte nicht. Meinte, er hätte nichts erlebt. Ich trat ihm nahe: »Von dir will ich wissen, wie am 1. April 1933 in Berlin der Judenboykott aussah!« Ich drängelte immer wieder; wußte, was verlorengehen würde, wenn er es nicht an uns weitergab. Günter fing tatsächlich an, zeigte mir die ersten Abschnitte, über die ich mich wunderte, weil dieser vorzügliche Kommentator und außenpolitische Reporter so holprig über sein Leben schrieb. Das ist auch schwierig. Doch es gelang. Und einen Verlag fand er auch.

An seinem 65. Geburtstag fuhr ihn seine »Neue Berliner Illustrierte« in einer Pferdekutsche durch sein Berlin. Er hatte schon einen Herzschrittmacher, atmete schwer, wenn wir telefonierten. Meine Frau und ich besuchten ihn und sprachen über das Leben. Es war wie sein letztes Wort, als er antwortete: »Ich habe viel Schönes gesehen ...«

Noch einmal Hans Ernst

Weil Menschen wie er nicht vergessen sein sollen. Einmal schrieb er quer »Scheiße« über mein Manuskript. 1957 aber, nachdem ich in der »Wochenpost« auf einer Doppelseite über Pariser Kinder berichtet hatte, die, von der Redaktion eingeladen und betreut, in Berlin und Prag allerlei erleben konnten, bekam ich einen Zettel von Hans Ernst, mit dem er mir für meinen Beitrag gratulierte. Er starb im gleichen Jahr.

Sein »Schreibt das auf, ihr Jungen« hatte am 30. März 1951 in der »Berliner Zeitung« gestanden. Da verfaßte ich längst bei Illus Bildtexte, fühlte mich gemeint und hob mir den Artikel auf. Dort heißt es zu Anfang: »Die heutigen Zeitungen haben keine Kischs. Dabei schreit die Zeit nach Kischs.« Da heute viele mit diesem Namen nichts mehr anzufangen wissen – Egon Erwin Kisch, der 1885 in Prag geborene »rasende Reporter«, war uns jungen Zeitungsleuten mit seinem »Marktplatz der Sensationen« Anreger und Vorbild geworden, mochte es auch in der Presse nicht mehr so zugehen wie einst. Nach und nach erschienen seine Werke, zuerst in Pappbänden, später gut gebunden.

Ich las seinen Namen zuerst als Todesnachricht Ende März 1948, da war ich seit knapp zwei Monaten wieder in Berlin. Später, viel später, nachdem ich alles, was es von ihm gab, erworben und gelesen hatte, war ich froh über seinen frühen Tod. Wir hätten Kisch sonst als einen der Hauptangeklagten »jüdischer Herkunft« erlebt beim Slansky-Prozeß 1952. Die Bücher des Hingerichteten wären in der DDR nicht mehr erschienen.

Zu seinem 30. Todestag schrieb ich in der »Wochenpost« über »Das Grab von Kisch«, das in Prag zunächst gar nicht leicht zu finden war. Er liegt nicht auf dem Jüdischen Friedhof, wo ich eine ganze Weile vor Kafkas Grab gestanden habe.

Ich fuhr in den Siebzigern so oft nach Prag wie möglich. Dort war ungeachtet der Vernichtung des Prager Frühlings von 1968/69 Atmosphäre geblieben, Schwejk lebte. Und es ließ sich mit der Zunge in der Wange, wie man in den USA sagt, in meiner Rubrik etliches zwischen den Zeilen mitteilen. Das wurde, da über Freundesland formuliert, allermeistens gedruckt. Doch als ich nach dem Besuch der Pferderennbahn in Karlovy Vary die Armeeangehörigen, weil sie Grasnarben für das nächste Rennen glätteten, »nützliche Soldaten« nannte, ging das in Berlin nicht.

Zurück zu Hans Ernst und seinem Artikel, der damals selbstverständlich vom Ost-contra-West-Alltag geprägt war, sein mußte: »Herrgott, wo ist der Mann, wo ist das Mädchen, die das alles einzufangen vermöchten; nüchtern und klar, mit sparsamen Worten: Die geteilte Hauptstadt mit ihren Sorgen, die Nöte der Exmittierten, der Währungsgeschädigten, der Obdachlosen ...«

Ernst hat ein grandioses Bild hinterlassen: »Wer schreibt auf, was er sieht und hört, wenn die Bauarbeiterinnen morgens in der Baubude ihre Mäntel an den Nagel hängen und in Arbeitshosen steigen ... Oder wie Müttern zumute ist, die morgens ihre Kinder sich selbst überlassen, weil die Kindergärten noch nicht ausreichen, wie sie bangen in jeder Stunde, den ganzen Tag über, Stunde um Stunde, während sie selbst an den Maschinen stehen ...« Ich nahm seinen mich bewegenden Text im Wortlaut auf als letzten Beitrag in die Anathologie »Der Berliner zweifelt immer« (1977). Zwar stammt dieser Satz von Theodor Fontane, aber er erregte das Mißfallen der SED-Kreisleitung in Berlin-Weißensee, so daß die Bibliothek diese Ankündigung meiner Lesung im Schaufenster ändern mußte.

Ernst: Wo »ein neues Menschenkind das Licht der Welt erblickt, während Straßen weiter die Augen eines Alten brechen, der sterbend dankt für Wohltaten, die ihm das Leben versagte und die er nie empfing?«

Dichter mochte er nicht. Zu schreiben war mit dem »harten Griffel des Lebens und der Unentrinnbarkeit. Wer wagt den Sprung in den Alltag, in das pulsierende, brausende, atemberaubende, ewig junge, neue Leben einer Welt, die zusammenbricht und eben neu geboren wird in dieser Stunde? ... Schreibt alles auf, ihr Jungen, ehe der Tag verrinnt, denn Kisch ist nicht mehr, der es getan hätte.«

Ich versuchte es wenigstens.

Politisches Feuilleton?

Die neuen Chefs, Hans Otten und Siegfried Meißgeier, versetzten mich in die Kultur, die wegen ihres Umfangs bald geteilt wurde. So war ich, laut Impressum in Nummer 9/57, namentlich zuständig für die »Unterhaltung«. Sollte aber ein »politisches Feuilleton« schaffen. Weder die Chefs noch ich wußten, was das war. »Feuilleton« – ein aus der bürgerlichen Presse überkommenes, jedoch noch nicht wieder akzeptiertes Wort. Deshalb der rettende Vorspann. Denn was »politisch« war, konnte nicht »unpolitisch« sein.

Vorweg, und manche trauen mir auf diesem Gebiet immer noch einige Kenntnis zu: Jeder Zeitungsbeitrag, auch ein Feuilleton über Marienkäfer, ist politisch. Ich muß lächeln, wenn ich von »guter Butter« lese oder »unabhängiger Kommission«; »Bohnen-Kaffee« oder »freiheitlichem Rechtsstaat«. Wenn er das ist, muß man ihn, Jahrzehnte nach seiner Gründung, immer noch in Beschwörungsformeln verpacken? Der »real existierende Sozialismus« der DDR war ebenso eine Droge wie »unabhängige Richter«.

Und endlich soll uns Schwejk sagen, was es mit der oft bemühten Freiheit auf sich hat, die unsereins wohl nicht hatte. Die große Freiheit gibt es vielleicht auf der Reeperbahn, sonst aber nur im Irrenhaus. Denn dort lebt man »wie im Paradies«, weiß Schwejk: »Man kann dort schreien, brüllen, singen, weinen, meckern, stöhnen. Springen, beten, Purzelbäume schlagen, auf allen vieren gehen, auf einem Fuß hüpfen, im Kreis laufen, den ganzen Tag auf der Erde kauern und auf die Wände kriechen. Ich weiß wirklich nicht, warum die Narren sich ärgern, wenn man sie dort einsperrt. Man kann dort nackt auf der Erde kriechen, heulen wie ein Schakal, toben und beißen. Wenn man das irgendwo auf der Promenade machen möcht, möchten die Leute sich wundern, aber dort ist es selbstverständlich! Dort gibt es eine Freiheit, wie sie sich nicht amal die Sozialisten träumen lassen.«

Diese Stelle hat, sie gegensätzlich meinend, unser Chefredakteur in einem seiner letzten Leitartikel zitiert. Ich nutzte sie in meinem Buch »Der Blumenschwejk«, (1976), und verwies, als der Lektor sie beargwöhnte, auf jenen Leitartikel. Verschwieg allerdings, daß unser Chef unter anderem auch deshalb 1956/57 gefeuert worden war. Wer erhält Schwejk lebendig, wenn nicht wir?

Unsereins konnte beim Mitteldeutschen Verlag manche in Berlin unmögliche Textstelle unterbringen; mit der Zunge in der Backe. Das Wort »politisch« störte mich und das Feuilleton.
Ich ließ es weg.

Ein Feuilleton, das ist?

Bei einem Seminar in Berlin fiel mir ein junger Mann auf. Er hielt einen Vortrag über die Reportage und wollte uns Details angewöhnen. Statt »Baum« lieber »Linde« schreiben, immer anschaulicher werden. Mir gefiel, daß er sich so verständlich von anderen Dozenten unterschied. Hinterher, als er seine Mappe packte, ging ich hin und fragte, ob er vielleicht wisse, was ein Feuilleton sei. Er antwortete irgendwie erfreut, ich solle nächsten Monat nach Leipzig kommen. Da hielt er seine erste Vorlesung. Thema: »Das Feuilleton«. Der Mann hieß Reiner Kunze. Es war eine zufällige und glückliche Begegnung, wie sie zuweilen vorkommt im Leben.

Ich wollte aber bereits ohne Theorie versuchen, ein Feuilleton zu schreiben. Etwas für mich Neues, mit Freude am Wort und am Wortspiel, dazu gelenkiger Stil, mit dem ich kleine Reportagen und Kommentare verfertigt hatte, ein paar Kurzgeschichten und dergleichen. So begann ich Ende April 1957 mit etwas Erlebtem. Ich ging seit Jahren jeden Sonnabend in die Berliner Stadtbibliothek, der ich so viel Bildung verdanke. Mit der Zeit fiel mir auf, daß sich die jungen Besucher in ihrer Kleidung von jenen unterschieden, die man nie im Lesesaal sah. Um 1955 kam Modisches aus dem Westen, erkennbar an Hosenbeinen, Absätzen, Schals und Farben.

Mein Feuilleton hieß »Die Unscheinbaren«, denn jene in der Bibliothek fielen durch nichts anderes auf als durch Wißbegierde. Aber auch sie gingen tanzen, und die anderen lasen damals auch. Die Mädchen über den Büchern hatten vermutlich kein Geld für Lippenstifte. Jedenfalls würden ein paar Namen dieser Unscheinbaren, meinte ich, um das Jahr 2000 in aller Munde sein. Na ja, es war ein Anfang.

Inmitten dieser Studenten hörte ich Kunzes Vorlesung zu, freute mich, daß er Auburtin zitierte, den ich als Jüngling im »Simplizissimus« gelesen hatte, ohne damals auf seinen Namen zu achten.

Mein Manuskript drückte ich Kunze in die Hand, so die Legende, als wir uns auf der Toilette begegneten. Er fand, es sei ein »Feuilleton«, obgleich er Poetischeres im Kopf hatte. Die »Wochenpost« hatte Anfang 1956 sein Gedicht gedruckt: »Lied eines jungen Mädchens vor der Hochzeit«. Ich, damals noch in der Politik, kannte es nicht.

Nun bot sich die günstige Gelegenheit, die Wünsche meiner Chefs zu verwirklichen. Kunze animierte seine Studenten zum Schreiben – ist es etwa nicht wunderbar, in jungen Jahren in einer immer beliebteren Zeitung gedruckt zu werden? Ich hatte ein paar aus der Redaktion und einige Schriftsteller interessiert. So konnte es losgehen. In Ausgabe 22/1957 stand unter der Überschrift »Unser Feuilleton« einspaltig »Die Unscheinbaren«. War etwa nicht »politisch«, was da stand? In Nr. 23 Kunzes »Die guten Worte fehlen«. Und so weiter. Mit der Dachzeile wollten wir der Leserschaft das ihr ungewohnte Wort »Feuilleton« angewöhnen. Zugleich mußte ich mich um die Titelseite kümmern. Dort, wo anfangs der »Eulenspiegel« gestanden hatte, sollte sich jetzt jede Woche ein Schriftsteller äußern. Und ich mußte ihn dazu bringen. So lernt man manchen kennen.

In jener Nr. 9 stand ein Text von Erwin Strittmatter, in der folgenden schrieb Lilly Becher über das benachbarte Titelbild. Vor Jahrzehnten hatte sie in der legendären »AIZ« Kurt Tucholsky mit einem Foto zu »Mutterns Hände« angeregt.

Karl Mundstock, Wolfgang Joho, Paul Wiens, Hedda Zinner und wie sie alle hießen schrieben ihre knapp dreißig Zeilen. Manche konnten das nicht. Mußten gekürzt werden, was ich besorgte, diese Fassung zurückschickte und mich freute, wenn sie zum Druck wiederkehrte, manchmal mit Dank. Wie ich dieses Handwerk lernte, bleibt rätselhaft. Es war ein Gespür, vielleicht eine Begabung, wohl auch bei Hilde Eisler erworben, die es mir mit einer Geschichte von Theo Harych (1903–1958) vormachte.

Harych, Landarbeitersohn, Hütejunge und Knecht, hatte die einklassige Dorfschule besucht. Er setzte weder Punkt noch Komma, war aber ein großartiger Erzähler. Also mußten Absätze und Satzzeichen eingefügt werden, mehr nicht.

Unsere Kurzgeschichten lockten Einsender, die es auch probierten, oft ohne das dazugehörige Handwerkszeug zu beherrschen. Neues, wie die Einführung des Zahlenlottos, löste ganze Stöße von Einsendungen aus, die freundlich-höfliche Ablehnung erforderten.

Jeder zweite Deutsche meint, dichten zu müssen. Animiert durch Tante Ernas Geburtstag, Bier- und Hochzeitszeitungen und was der Anlässe für Reimereien mehr sind. Manche Woche bekamen wir neunzig Einsendungen. Waren selber schuld, denn keine Feuilletonseite erschien ohne Gedicht! Mal Klassiker, mal Zeitgenossen. Das sollte geschmacksbildend wirken. Bei Ablehnung ließ sich auf holpriges Versmaß verweisen und anderes, womit Redaktionen sich herausreden. »Ihr Gedicht eignet sich leider nicht« oder »entspricht nicht dem Charakter unserer Zeitung« konnte so nicht formuliert werden, lieber nicht, wenn es sich um gutgemeinte Knittelverse über »den Genossen Thälmann im Gefängnis« oder »Lob auf die sowjetischen Befreier« handelte. Da war als Antwort besser, wir hätten bereits einige zum gleichen Thema angekauft und könnten in diesem Jahr mehr nicht unterbringen.

Manches Talent aber wurde durch guten Rat gefördert, auf Lehrgänge hingewiesen und Literatur. Schließlich beschäftigten wir gegen Honorar jahrelang eine Germanistin, die wegen ihrer Kinder zu Hause blieb; sie holte sich wöchentlich das Eingesandte und schrieb die Antworten selbst; oftmals waren es kleine Gutachten.

Mir gegenüber

Unsere Feuilletonfreude war so groß, daß wir nach geraumer Zeit auf die Idee kamen, ein Buch zu veröffentlichen. Der Mitteldeutsche Verlag in Halle, bei dem Kunzes Gedichte erschienen waren, nahm es nach Zureden. Unser Vorwort mag sich heute seltsam lesen. Es ist rundum eine Absicherung, denn wie erwähnt war allein das Wort »Feuilleton« kulturpolitischem Argwohn ausgesetzt.

Als 1960 »Mir gegenüber« (unattraktiver Schutzumschlag mit deutscher Schreibschrift, die schon damals nicht mehr jeder lesen konnte) erschien, war Kunze bereits von der Universität abgegangen. Man hatte den leidenschaftlich glühenden Sozialisten politisch verleumdet, in Versammlungen fertiggemacht und so den Grundstein für seine Abwende gelegt.

Unser oft geschmähter Schriftstellerverband versorgte sein Mitglied Reiner Kunze fortan mit Aufträgen. Das waren manchmal Wochenlehrgänge für junge Autoren, z. B. in Cottbus oder Kühlungsborn, zu denen er mich als Referent zum Thema »Feuilleton« einlud. Zum anderen honorierte unsere Redaktion seine Lektorate, Referate, Gutachten, Vorträge usw. Die »Wochenpost« druckte sein »Ein Schriftsteller schlossert« (Nr. 5/1960). Mehrmals erschienen seine Beiträge auf der Titelseite. Seine Gedichte und Feuilletons veröffentlichten wir so lange, bis die Chefs seinen immer suspekteren Namen im Blatt nicht länger verantworten mochten. Da ließ ich ihn Bücher rezensieren. Unter den beiden von ihm gewählten Pseudonymen »Jan Kunz« (Hus?) und »Alexander Ludwig«, die erinnerten vieldeutig an Dubček, an den ČSSR-Präsidenten Svoboda, an Beethoven und Kunzes Sohn aus erster Ehe. So erschienen von 1969 bis 1974, als er auf eigenen Wunsch die Mitarbeit beendete, immerhin rund 135 Rezensionen auf Seite 22.

Die Nachricht, Reiner Kunze sei als »Staatsfeind« bezeichnet worden, hat er von mir. (Betroffene werden gemeinhin nicht durch ein Schreiben des jeweiligen Ministeriums unterrichtet.) Unsere Kulturchefin, von einer Sitzung in der Kulturabteilung des ZK kommend, teilte es unter anderem mit. Ich schrieb ihm sofort, unängstlich und selbstverständlich.

Reiner Kunze beginnt seinen literarischen Lebenslauf mit dem Frühjahr 1977, nach seiner Ausreise. Davor ist nichts gewesen? Nicht schade um das Soldatenlied usw., sehr schade um die Liebesgedichte. Daß einer sich selbst zur Unperson macht, scheint merkwürdig. Doch er glaubt heute ebenso verzückt an die »Freiheit« wie früher an den »Sozialismus«. Daß jemand sich wendet, Überzeugung, Religion und Lebensstil wechselt, dafür bietet die Literaturgeschichte genügend Beispiele. Verleugnen nutzt aber nichts. Die Kunst geht nach Brot und nach Hummermajonnaise. Und der Ruhm des Dichters, wie bei Heinrich Mann über Zola zu lesen, wird immer ein politischer sein.

Wir hatten in der »Wochenpost« von Anfang an einen freien Mitarbeiter, einen alten Journalisten, aus Österreich stammend. Er hieß

Johannes Steiger und machte zu Meldungen aller Art, die er sich aus den Zeitungen pickte, Vierzeiler, von uns »Steigeretten« genannt. Oft waren sie wegen ihrer gotteslästerlichen Kirchenbeschimpfung nicht zu drucken. Steiger war Klosterschüler gewesen.

Zimmermannssplitter

Vermutlich haben es die Chinesen erfunden. Eine gescheite Sache: Jeder in seinem Beruf nicht körperlich Tätige soll, und sei es für kurze Zeit, diese Arbeit kennenlernen. Diese Idee gelangte 1960 auch in die DDR. Die »Wochenpost« suchte sich eine Landwirtschaftliche Produktionsgenossenschaft irgendwo im Anhaltinischen. Dort sollten nach und nach die Redakteure arbeiten und darüber schreiben.

Dazu hatte ich keine Lust. Abgesehen von der Tomatenernte weiland in Alabama, wo wir auch mit Mais, Baumwolle, Zuckerrohr und Erdnüssen zu tun hatten, ist mir als Großstädter mit Heuschnupfen jegliche Landarbeit unsympathisch. Lehrgänge für »schreibende Arbeiter« – auch das wird heute belächelte – von manchen, die auf Arbeiter herabschauen wie auf Ameisen. Natürlich blieb es Illusion, daß Arbeiter die »sozialistische Nationalliteratur« erzeugen könnten, vor allem die erwünschten Romane. Aber brauchbare, kleine Geschichten entstanden, Feuilletons und sogar Gedichte. In großen Betrieben gab es Zirkel, geleitet von örtlichen Schriftstellern, die dabei etwas verdienten und sich redlich mühten, Schreibtechniken und Bildung zu vermitteln. Und falls nichts dabei herauskam, wenn sich einer nach acht Stunden körperlicher Arbeit nach Feierabend über dem leeren Papier mühte, so war es immer noch geistige Betätigung. Man ging gemeinsam ins Konzert oder ins Theater, mit Ehefrauen. Lernte sich besser kennen. Was ist daran schlecht?

Jahre später, wann weiß ich nicht mehr, geriet ich, Interesse bezeugend und vom Schriftstellerverband vermittelt, in eine »Jugend-Brigade«, in der es auch ein paar Ältere gab. Was sie im Chemie-Betrieb taten, weiß ich nicht. Darauf kam es nicht an. Wir trafen uns ein paarmal, machten auch eine Kremserfahrt. Es gab einige, die später zum Hochschulstudium kamen. Einer, war im Gefängnis gewesen und hatte hier seinen Arbeitsplatz zugewiesen bekommen, lernte im Kollegenkreis beiläufig ein anderes Leben kennen. Mich konnten sie als Schriftsteller verwerten. So bekamen wir – ich völlig unverdient – eines Tages die nicht häufig verliehene Auszeichnung »Hervorragendes Jugendkollektiv«. Das Geld haben wir froh verflüssigt. Die Medaille bleibt mir.

Bei einem Lehrgang für Schreibende Arbeiter lernte ich 1960 einen Meister kennen, Hans Schmietendorf, der sofort bereit war, mich für einen Monat bei seinen Schiffszimmerleuten aufzunehmen. So kam ich nach Rostock. In die Neptun-Werft. Der Anblick von Schiffen fasziniert mich seit der Kindheit. Später zweimal über den Atlantik. Liegt es an den seenahen Rostock-Hamburger Vorfahren mütterlicherseits?

Ich wohnte in einem nahegelegenen Arbeiterheim allein in einem Mehrbettzimmer, ernährte mich wieder wie als Junggeselle – es war ein anderes Leben. Die Zimmerleute betrachteten mich neugierig, mit norddeutscher Distanz, isolierten mich nicht. Ich war eher ein seltsamer Vogel; nicht nur aus Berlin, sondern von der Zeitung. Ich fragte niemand aus, was ich ohnehin nicht kann, kaute freundlich neben ihnen mein Frühstücksbrot, und was sie sich hinter mir erzählten, mag nichts Schlechtes gewesen sein.

Ich kam als ungelernter Helfer mit einem sehr ruhigen Menschen an Bord eines sowjetischen Frachters, der zur Reparatur in seinen Geburtstort zurückgekehrt war. Wir reparierten das Deck, das nach Weltmeeren roch. An der frischen Luft. Ein andermal war der stinkende Laderaum eines Fischkutters zu reinigen. Das erinnerte an den Umgang mit Knochenmehl in der schottischen Düngerfabrik. Einiges steht in meinem ersten Buch »Herztöne und Zimmermannssplitter« (1962); längst vergriffen, daher antiquarisch teuer. Hier ist kein Platz für lange Zitate. Nur die beiden außerordentlichen Erlebnisse sind schnell genannt: Unterm Rumpf hämmernd als Geburtshelfer eines Frachters, sein Stapellauf. Ein Jahr später eingeladen zur Probefahrt eines Forschungsschiffes.

Nicht vergessen sei, daß mir nach einigen Tagen die Vorarbeiter »Stunden und Leistung schrieben«, wie das hieß, obgleich sie meine Arbeit für sich hätten verbuchen können, denn ich verdiente dort nichts, weil mein Gehalt in Berlin weiterlief.

In den Rostocker Wochen kümmerte ich mich ein bißchen um den Literaturzirkel der Werft. Lernte durch Christel Bethge, die unter ihrem Mädchennamen Gedichte schrieb und als Diplompsychologin arbeitete, nicht nur Jo Jastram kennen, sondern auch autogenes Training und Hypnose, was zu damaliger Zeit nur durch Dienstgebrauch-Schallplatten zu vermitteln möglich war.

Fritz Meyer-Scharffenberg (1912–1976) beobachtete mich zunächst bei einer Lesung, ehe er sich zu erkennen gab. Wir wurden engste Freunde. Und wenn er bis Freitag keinen Brief von mir hatte, telefonierte er am Sonnabend nach meinem Wohlergehen.

Er wohnte nahe der Warnow-Werft mit Blick auf das Wasser in einem schönen Haus. Dort schrieb er seine gern gelesenen Bücher. Erst nach und nach offenbarte er sein Schicksal. Ein sowjetisches Militärgericht hatte ihn grundlos zu zwanzig Jahren verurteilt wegen Spionage. Das Urteil in russischer Sprache mußte er unterschreiben, ohne Einzelheiten zu kennen. Mehr erzählte er nicht. War in Unterwellenborn eingesperrt gewesen und nach 1956 entlassen worden, konnte sich das Haus bauen.

Ich drängte ihn manchmal, alles aufzuschreiben und gut zu verstecken. Für die Nachwelt! Aber das wagte er nicht. Wer weiß, wer ihn schweigen hieß. Der Sowjetunion trug er nichts nach. Wünschte sich 1972 vor seinem 60. eine Reise in diese Ferne, wollte aber nicht in Touristengegenden, sondern dorthin, »wo es Wölfe gibt!« Unser Schriftstellerverband vermittelte es. Aber dort bekam er einen Herzinfarkt, der von den Ärzten als Bronchienentzündung erklärt und mit einem Senfpflaster behandelte wurde. FMS floh in Etappen nach Hause. Aus seiner Geburtstagsfeier auf einem Schiff wurde nichts.

Er war einer der ehrlichsten Menschen, die mir begegnet sind. Ich gab seine Briefe an mich nach seinem Tode der Schweriner Landesbibliothek.

So wurde dieser »Produktionseinsatz«, wie er amtlich hieß, für mich im besten Sinne produktiv. Mein erstes literarisches Buch entstand. Und bekam sogar den Preis des FDGB 1963, verliehen am Tage nach dem Kennedymord, der uns alle mehr beschäftigte. Eine Nachauflage bewirkte der Preis nicht.

Im gleichen Jahr kam zur Praxis die Theorie: »Vom Wesen des

Feuilleton« heißt das ziemlich umfangreiche Buch, das auf Anregung von Johannes Schellenberger für die Reihe »Beiträge zur Gegenwartsliteratur« entstand, für die z. B. Reiner Kunze Hefte wie »Die Kurzgeschichte« und »Die Reportage« verfaßte.

Ich schrieb unverfroren, nachdem ich etliches gelesen hatte, über das Feuilleton und seine Geschichte. Nutzte dabei meine Diplomarbeit, versuchte Grundsätze. Zwei Gutachter lehnten das Manuskript ab. Es waren Walther Victor und Wieland Herzfelde, immerhin! Das Buch erschien dennoch. Beide wurden mir später bis zu ihrem Tode enge, warmherzige Freunde.

Selbstverständlich mußte ein Buch dieser Art ein Kapitel »Das sowjetische Feuilleton« enthalten! Dafür hatte Rita Braun, die mit ihrem Mann Otto nach 1956 aus Moskau in die DDR gekommen war, ausgezeichnete Beispiele geliefert und mir Theoretisches zum Feljeton übersetzt. Das, was in der russischen Literatur traditionell als Satire entstanden und von Lenin als »Kontrollinstanz« empfohlen worden war, entsprach unserer Tradition überhaupt nicht. Ich deutete an, wir hätten eigene Quellen und Vorbilder. Das sollte heutzutage und später sorgsam herausgelesen werden: Sowjetisches war zwar wichtig, jedoch kaum zum Übernehmen geeignet. Das konnte damals, als nur von der Sowjetunion gelernt werden konnte, deutlicher nicht gesagt werden.

Der das Buch veröffentlichende Verlag für Sprache und Literatur in Halle verschwand bald, aufgelöst. Umfangreiche Restbestände des Buches gelangten in den Keller des Schriftstellerverbandes in Berlin, wo sie sich zögernd verkauften und zuweilen auf dem berühmten Rostocker Buchbasar angeboten wurden. Nahm es jemand, signierte ich: »Ich halte mich schon längst nicht mehr an meine Vorschriften von 1962«.

Otto Braun = Otto Braun?

Anfang der Sechziger wurde der Schriftstellerverband noch von Schriftstellern geleitet. Nie wäre ich auf den Gedanken gekommen, mich als Mitglied zu bewerben. Unter all den Berühmten! Zum Kongreß im Frühjahr 1961 gelangte ich einen Vormittag ins Haus der Ministerien (in das dann eines Tages die Treuhand einzog) als Zaungast, das ging damals noch. Ich sah aus der Nähe Strittmatter mit vor Anstrengung hochrotem Gesicht die Tagung leiten, Günter Grass saß dort. Stephan Hermlin und neben ihm bildschön und nofretetengleich Ingeburg Kretzschmar. Von der Seite war zu sehen, wie sich der kleine Willi Bredel auf Zehenspitzen hinterm Rednerpult reckte. Im Foyer Wandzeitungen, mit Karikaturen übersät, Zettel. Da war noch geistige Atmosphäre.

Man brauchte zwei veröffentlichte Bücher oder einen Band Lyrik, um aufgenommen zu werden, dennoch hielt ich mich nach wie vor nicht für einen Schriftsteller. Bis mir eines Tages Ursula Langspach, die dort für Nachwuchs zuständig war und den Aufstrebenden Tips gab wie etwa, beim Romanschreiben mit dem Ende anzufangen, den Fragebogen in die Hand drückte. Man brauchte zwei Bürgen. Der eine war E. R. Greulich, der mich von der »Wochenpost« her kannte, der andere der erwähnte Otto Braun, in dessen Pankower Wohnung in der Eintrachtstraße ich mindestens einmal wöchentlich kam, um mit Rita Übersetzungen zu bereden und von Otto, wenn er abends nach Hause kam, Erlebnisse zu hören, die vermutlich bis heute keiner aufgeschrieben hat. Seine Frau sagte »Karl« zu ihm, denn unter seinem Decknamen Karl Wagner hatte sie ihn in Moskau kennengelernt. Nun gab es aber noch einen Otto Braun (1872–1955), SPD-Politiker, preußischer Ministerpräsident, der 1933 in die Schweiz floh und dort auch starb. Warum man ihn nicht längst geehrt hatte mit einer Straße, solange in Berlin-West die SPD regierte? Jedenfalls wurde nach der letzten Wende eine ziemlich große Straße in Berlins Mitte nach ihm umbenannt. Auf Vorschlag einer sogenannten »unabhängigen Kommission« beim Verkehrssenator Haase. Zu der lud er mich ein. Als ich aber die Teilnehmerliste las und die ersten Vorschläge, zog ich mich zurück, noch vor der ersten Zusammenkunft. Ich wollte nicht der Renommierdödel aus Ost-Berlin sein.

Otto-Braun-Straße? Fragt mich jemand, antworte ich: »Ich kannte ihn gut. Er war in den zwanziger Jahren im Abwehr- und Nachrichten-Apparat der KPD, nahm teil an der Errichtung der bayerischen Räterepublik, an den Mitteldeutschen Aufständen und so weiter. Kam in Untersuchungshaft und ins Gefängnis in Berlin-

Moabit, wo er befreit wurde durch einen sensationellen Überfall, an dem seine Geliebte beteiligt war, die spätere Olga Benario. Er floh nach Moskau, nahm als Militärberater Mao-Tse-Tungs teil am Langen Marsch, betreute von 1941 bis 1946 deutsche Kriegsgefangenenlager, lehrte an der Zentralen Antifaschule, war später literarischer Übersetzer (Scholochow) und Schriftsteller. Nach seiner Rückkehr in die DDR wurde Otto Braun der verantwortliche Redakteur für die deutsche Ausgabe der Werke Lenins. Ulbricht wollte ihn zum General und Chef der Dresdener Militärakademie machen, doch Otto Braun war besser geeignet als Erster Sekretär des Schriftstellerverbandes von 1961 bis 1963. Nach ihm nahmen Kulturfunktionäre, die keine Bücher schreiben konnten, unseren Verband und seine Mitglieder, so es ihnen gelang, in feste politische Hand.«

Von Otto Braun weiß ich, und es sei hier weitergegeben, seine Befürchtungen, künftige Historiker betreffend. Er war in den zwanziger Jahren in Berlin vor Gericht gekommen und spielte, einem Parteiauftrag gehorchend, die Rolle des agent provocateur, worauf seine mitangeklagten Kommunisten von ihm abrückten. So hat es auch in den Zeitungen gestanden. Und so würden es die kommenden Geschichtsschreiber verarbeiten, meinte Braun. Zwar hatte er seine Erinnerungen für das Zentrale Parteiarchiv auf Band erzählt, aber wer weiß ...

Eingeladen zur Berliner Mitgliederversammlung ging ich zögernd. Paul Wiens übergab zu Beginn die Ausweise an neue Mitglieder, rief die Namen auf. Der erste war nicht anwesend, der zweite auch nicht. Als ich als Dritter aufgerufen nach vorn ging, applaudierten alle deutlich und zu meiner Erleichterung. Ich fühlte mich akzeptiert. Einwände hätten zuvor geltend gemacht werden können. Dieser demokratische Brauch verschwand mit dem Auftauchen der erwähnten Kulturpolitiker in der Zeitung. Von nun an erfuhr man nur in den »Mitteilungen«, wer Mitglied geworden war. Die Ausweise wurden nicht mehr öffentlich übergeben.

Mein 13. August 1961

Ich war schon ein paar Wochen im Süden, in Lobenstein, einer Kreisstadt nahe der Grenze. Aus einer sporadisch erscheinenden Dorfzeitung sollte ein Wochenblatt entstehen, vier Seiten Umfang, Berliner Format, nunmehr Kreiszeitung zu nennen. Dazu waren versierte Zeitungsmacher, Berliner Format, in mehrere Kreisstädte des Bezirks Gera entsandt worden.

Damit wir das Blatt in Gang bekamen, und vor allem, damit Vorlauf an Manuskripten geschaffen wurde, denn Zeitungmachen ist abhängig von gebundener Zeit, sollte auch an diesem Sonntagvormittag gearbeitet werden. Zeitungmachen ist unabhängig von genormter Zeit; es macht Spaß, wenn man es liebt. Und als gegen zehn Uhr ein Volkspolizist unseren Redakteur wegen einer Kampfgruppen-Angelegenheit wegholte, schrieb ich allein weiter bis Mittag.

Es gab die Zeitung nicht umsonst. Sie sollte von möglichst vielen gekauft werden. Also hatte ich mir von unserer Bildredaktion ein paar Fotos von hübschen Mädchen mitgeben lassen und bereits die erste Nummer mit einem großen Foto oben rechts aufgemacht. Das gefiel bei der SED-Kreisleitung nicht, der unser »Oberland-Echo« unterstand. Aber mir konnten sie nichts. Ich war aus »Berlin!« entsandt mit wer weiß was für vermuteten Vollmachten. Nun hätte ich essen gehen müssen, scheute aber die von lauten Ausflüglern überheizten Gaststätten und den Zwang der Speisekarte, ging daher auf einen Hügel, aß ein paar Kekse und schlenderte in den Wald, der – so ist das dort – gleich hinter den letzten Häusern begann. Und geriet in aller Einsamkeit in eine Blaubeerfülle wie nie zuvor erlebt, legte mich lang hin und kroch, mit beiden Händen pflückend, durch ein Paradies. Es lag ein tiefer, natürlicher Frieden über diesen Büschen und meinen blauen Fingern. Dazu die große Stille, die man hört. Diesen Tag wollte ich mir merken.

Am Nachmittag ging ich wieder in die Redaktion, kochte mir Kaffee in einem Blechtopf der US-Army, den ich aus der Kriegsgefangenschaft mitgebracht habe und der mich unverwüstlich begleitet mitsamt seinen Erinnerungen. Da tauchte unser Redakteur vorm Fenster auf, ließ sein Motorrad knattern und winkte. Ich mochte nicht, weil ich nach diesem Ausflug lieber allein sein und meine Gedanken ausatmen wollte; außerdem mag ich solches Fahrzeug kaum vom Sehen. So sausten wir ins Grüne. Er wollte mir seine schöne Gegend zeigen, das war nett von ihm. Doch mittendrin auf der staubigen Lärmstrecke fiel es ihm wohl wieder ein, denn er drehte sich um und rief mit dem Fahrwind: »Berlin – heute – Grenze zugemacht«. Da wäre ich beinahe heruntergefallen.

Wir erreichten den Stausee, den er mir zeigen wollte. Segelboote, Ausflugslokale. Das motorisierte Volk ruhte aus bei Kaffee, Kirschtorte, Schlagsahne und Bier. Niemand schien verstört. Dieser laute, satte, etwas verschwitzte Sonntagsfriede, aus dem dann jeder nach Hause drängelt. Eine Terrasse mit buntbesprenkelten Sonnenschirmen ragte als Pfahlbau weit in den See.

Ich weiß bis heute nicht, wo wir uns befanden. Wegen der schönen Umgebung fuhr er einen anderen Weg zurück. Wollte mir eine Freude machen. Wir hielten noch an einer Waldgaststätte, um Original Rostbrätel zu essen. Sie waren längst ausverkauft an solch herrlichem Sommertag, aber Bockwurst gab es noch. Und ein Extrablatt aus Berlin, das niemanden kümmerte. Dort standen die Erklärungen und Bestimmungen für die neuen Verkehrsverhältnisse in Berlin. Ich kann nicht sagen, ob es zehn Pfennige kostete oder umsonst verteilt wurde.

Fortan konnten meine Eltern ihr einziges Enkelkind nicht mehr besuchen. Später gab es Besuchsgenehmigungen.

Zum Glück war ich nicht »zur Stelle«, als die Mauer gebaut wurde. Über meinen Anteil an der Umquartierung von Familien in der Bernauer Straße schrieb ich »Neun Tage vor meiner ersten Nierenkolik«.

Wenn ich morgens auf dem Weg zur »Wochenpost« im U-Bahnhof »Stadtmitte« ausstieg – der Tunnel war gesperrt, niemand konnte mehr »Stadtmitte umsteigen«. Die Friedrichstraße entlang, die Leipziger Straße überquerend, da war in der ersten Zeit noch Blickfeld bis weit in den Westen. Ich ging langsam, bis in unerreichbarer Ferne eine dottergelbe Hochbahn von links nach rechts fuhr. In knapp drei Minuten würde sie kurz vor der Station »Möckernbrücke« bei meinen Eltern vorbeikommen. Es war ein Gruß. Bald versperrten zu hohe Grenzbefestigungen den Blick, aber ich wußte, daß die Linie 1 – über die später eines der beeindruckendsten Berliner Musicals geschrieben und komponiert wurde – von dem Balkon zu sehen war, der zu meiner Berliner Kindheit gehörte.

Wenige Monate nach dem Mauerbau veranstaltete der Mitteldeutsche Verlag, Halle, eine Berliner Zusammenkunft seiner Autoren. Das waren nützliche, sogenannte »Persönlichkeits-Gespräche«, diesmal zum Thema Justiz. Wir durften vorm Brandenburger Tor gen Westen blicken und bemerkten dort auf der Plattform Menschen, die sprachlos nach Osten schauten. All das wunderte die Nicht-Berliner Kollegen sehr.

Wir besuchten das Kriminaltechnische Institut im Polizeipräsidium am Alexanderplatz. Die freundlichen Menschen waren unseretwegen am Sonntagvormittag zur Arbeit gekommen, doch ich trug von dort den Eindruck mit, daß jeder Beweis – ohne die dort Tätigen beleidigen zu wollen – angefertigt werden kann.

Nachmittags besichtigten wir eine Kaserne in Berlin-Treptow und durften jeder einzeln mit einem Soldaten ein »Gespräch führen«. Damit das gelang, saß ein schweigsamer Leutnant neben uns. Ich sagte dem jungen Soldaten nicht, wie leid er mir tat, sondern verabschiedete mich schnell und dankend. Auch der Stadtkommandant war anwesend und erklärte, er habe befohlen, daß nicht extra unseretwegen ein »Budenzauber« veranstaltet werden solle. Ach, die blitzblanken Stuben, die wir besichtigten, zeigten mir Erfahrenem, womit die Grenzsoldaten zumindest den Sonnabend und den Sonntagvormittag verbracht hatten. Dann gingen wir. Zu meinen höchsten Genüssen gehört, mit beiden Beinen ungehindert eine Kaserne verlassen zu dürfen. Oder ein Krankenhaus.

Abends trafen wir mit Spitzenleuten zusammen. Unvergessen, als ein Autor fragte, wie viele politische Gefangene es bei uns gäbe. Da erhob sich der Leiter des Strafvollzugs. Ich sah nur seinen roten Stiernacken und hörte erstaunt, es gäbe keine politischen Gefangenen, sondern nur Verbrecher. Doch jener Kollege, ich kannte ihn nicht, beharrte freundlich auf seiner Frage und erläuterte sie, nannte als Beispiel irgendeinen Adenauer-Anhänger, der nun wirklich aus purer politischer Überzeugung und nicht für Geld – nein, jener blieb bei seinen Verbrechern.

Nachher, an Tischen beim Essen verteilt, saßen wir mit einem

Hohen vom Obersten Gericht zusammen. Mein Lektor fragte: »Wieviel bekommt man für einen politischen Witz?« – Antwort: »Es kommt darauf an, wer ihn erzählt.«

Redaktions-Allerlei

Eines Tages wurde die Unterhaltung wieder mit der Kultur vereinigt. Ich mußte den Laden leiten. Und verstand herzlich wenig von Film, Theater, Musik, Bildender Kunst – was die von uns und unseren Autoren erwarteten Beiträge anging. Wie sollte ich Quartalspläne aufstellen? Ich fiel ohnehin unangenehm auf, als ich die Ereignisse kalendarisch einsetzte und nicht den soundsovielten Jahrestag der DDR an erster Stelle aufgeführt hatte.

Ich war immer ein pragmatischer Praktiker. Erwartete von den Chefs deutliche Hinweise, was denn nun eigentlich zu tun wäre. Es kamen zumeist nur Zitate aus den jüngsten Reden, die seitenlang im »Neuen Deutschland« standen. So viele durchaus gescheite Menschen lasen und unterstrichen mit Farbstiften dort alles, was ihnen wesentlich schien. Konkret war es nie. Die Beschlüsse »umsetzen«, aber bitte schön wie?

Nachdem die »Wochenpost« sich stabilisiert hatte, wurde unser Chef Hans Otten in eine andere Redaktion versetzt. Sein Nebenmann Siegfried Meißgeier, der aus Erfurt kam, übernahm die Leitung und gebrauchte häufig das Wort »mithin«, das ich noch nie verwendet hatte. Mithin erschien ich mit anderen zur Abteilungsleitersitzung, trug unsere Vorhaben vor und erlebte, daß immer zuerst »die Kultur« herausflog, wenn Seiten für andere Themen gebraucht wurden. Das war und ist immer so. Man betrachte nur derzeit, 1996/97, wie der Berliner Senat mit seinen Kulturseiten umgeht.

Ich saß in diesen Jahren mit Schweißausbrüchen an meinem Schreibtisch. Wußte nicht, wie ich es recht machen sollte. Schrieb aber meine Feuilletons, die sich in Büchern sammeln ließen. Mein »Die guten Sitten« stahlen Handwerker aus dem Atelier von Jo Jastram, dazu ein paar Latschen, die sie andertags nicht zurückbrachten, sondern nur das Buch, das mit seinen drei nackten Grazien auf dem Schutzumschlag im Innern nicht ihren Erwartungen genügt hatte.

Nachdem Gerhard Branstner im Eulenspiegel-Verlag meine Kurzgeschichten in einem Buch gedruckt hatte, verlangte er ermutigend einen Roman! Ich probierte, hatte den entscheidenden Vorfall in Rostock von Christel (Bethge) Lindemann erzählt bekommen, und erfand mir einen Helden namens Bütten, der war Buchhändler, weil seinesgleichen bisher nie als »Held« sich geeignet hatte inmitten von literarischen Stahlschmelzern und Melkern. Mein Bütten litt wie ich unter einem Vorgesetzten, dem ich Sätze meines Chefredakteurs Meißgeier in den Mund legte.

»Pardon für Bütten« erlebte manches. Der Verlag ließ ihn ohne Schutzumschlag erscheinen, hochmodern. Als das helle Leinen aber Fingerabdrücke zeigte in den Buchläden, bekam die zweite Auflage einen Schutzumschlag, was in Buchhändlerkreisen bedeutet, das Buch taugte wohl nicht viel, wenn der Verlag einen Schutzumschlag nachschob. Aber dieses Buch war das allererste, das Henri Büttner illustrierte, der vortreffliche Künstler aus dem Erzgebirge. Im Grunde ist er Sitten- und Geschichtszeichner.

Ich fing einen zweiten Band an. Wieder mit Bütten als Ich-Erzähler, denn Personen setzen kann ich nicht. Heilsame Erfahrung. Jedenfalls bekam Meißgeier mit (oder hinterbracht), er sei gemeint mit dem Oberbuchhändler.

Was ich schon beim ersten Buch nicht wußte: Es war in der Tat vorgesehen, Leitungspersonen mit diesem Titel auszuzeichnen (Oberkellner, Oberleutnant).

Schlimmer noch, Bruno Haid (1912–1993) bezog meine Darstellung auf sich. Ein ehrenwerter Mann, der schon 1958 seiner Funktion als Generalstaatsanwalt enthoben worden war, »da er den notwendigen Kampf gegen Feinde der DDR vernachlässigt hat«. Haid war zu der Zeit, als mein Buch erschien, Leiter der Hauptverwaltung Verlage und Buchhandel, später Stellvertretender Minister für Kultur. Und ich beschrieb einen Oberbuchhändler so unangenehm, wie er nur sein konnte. Haid, eines Besseren belehrt, trug mir nichts nach. Wenn er mich traf, wechselten wir freundliche Worte. Seinen Lebenslauf erfuhr ich erst durch »Wer war Wer in der DDR?«.

Dieser zweite »Bütten«, erst gelobt im Verlag, dann verhindert, blieb 1969 hängen. Der Verlag schlug vor, aus der Beerdigung, mit der das Buch beginnt, eine Hochzeit zu machen ... Ich hole mir das Manuskript zurück, sandte es später zu einem Preisausschreiben an den Aufbau-Verlag, wo es Günther Deicke entdeckte und dem Verlag der Nation übergab. Dort erschien es dank Verlagsleiter Günter Hofé (1914–1988), der erfolgreiche Kriegsromane schrieb, in einer kaum gemilderten Fassung, im Jahr 1973. Ich setzte als Entstehungszeit »1969–1973« an den Schluß. Werner Steinberg (1913–1992), seit Redakteurstagen befreundeter Kollege, der um die Vorgeschichte wußte, schrieb mir: »Das ist Ihr kürzestes Feuilleton!« Jedoch war nach zu langer Liegezeit die beabsichtigte Wirkung von »Man sieht sich um und fragt« verpufft.

Was aber 1964 angeht, sollte im Herbst unser zweites Kind zur Welt kommen. Wir verschwiegen diese frohe Botschaft den Knobloch-Großeltern in West-Berlin, damit sie sich nicht sorgten, wie das in harmonisierenden Familien selbstverständlich ist. Erst als Daniel die Welt besah, teilten wir es ihnen mit.

Es ist für Kinder allemal schwierig, einen Vater zu ertragen, der nicht wie alle anständigen Menschen früh zur Arbeit geht, sondern als einziger sitzen bleibt vor einem Gerät, das er mit Buchstaben füttert, um dann häufig abends zu verschwinden zu einer Veranstaltung. Und, oh Gott, die Schule. Von Dagmar, 1957 geboren, erwartete die Deutschlehrerin vergeblich entsprechende Aufsätze, die wir ihr aber nicht schrieben. Daniel durfte, da er kein Arbeiterkind war, nicht die Hefte einsammeln in seiner Bankreihe. Sein Nebenmann aber war Arbeiterkind, denn seine Mutter wirkte als Ärztin im Polizeikrankenhaus.

Dann ging Siegfried Meißgeier zum Fernsehfunk, und wir lebten unter einem neuen, furztrockenen Chefredakteur, der lachte nie. Wurde bald zu Höherem befördert.

Den Humorteil waren wir vom Feuilleton zum Glück längst losgeworden, mußten uns aber um den Roman kümmern. Kaum begann der neue in Fortsetzungen, mußte nach dem nächsten gesucht werden. Die Zeitung hatte ihre Erfahrungen. Vorabgedruckt Erwin Strittmatters »Ole Bienkopp«, das brachte Ärger mit den Politikern der Landwirtschaft; später den ersten Teil des »Wundertäters«, der wiederum forderte andere Bemängler heraus. Zwischendrin druckten wir zur Beruhigung etwa Raabes »Schwarze Galeere«. Auf die Dauer ging alles gut. Mancher Roman wurde für uns nach Maß geschrieben, wie zum Beispiel von den Magdeburgern Günter und Johanna Braun, anderes boten Verlage an, denn ein Vorabdruck in einem von Millionen gelesenen Blatt war allerbeste Werbung. So hielt ich eines Tages, es mag 1966 gewesen sein, vom Eulenspiegel-Verlag geschickt, Manfred Bielers »Das Kaninchen bin ich« in Händen, las es mit zunehmender Begeisterung und legte es als Vorschlag auf den Tisch des amtierenden Stellvertreters. Der gab es nicht nur als unmöglich dem Verlag zurück, sondern vermutlich woanders hin und warnte vor diesem Stück Konterrevolution, so daß das Buch nicht erschien. Daß ich es überhaupt vorgeschlagen hatte, war beredter Ausdruck meiner ideologischen Unklarheit.

Was tun, wenn die Stasi kommt?

Ich habe keine Einsicht beantragt in meine Gauck-Papiere, weil ich mich nicht demütigen mag vor pfäffischer Autorität.

Ich habe niemanden denunziert. Und über niemanden auch nur eine Zeile Bericht geschrieben. Was andere über mich weitergaben, eventuell berichten mußten, ist mir egal.

Man erzählt, daß, falls ich im Hause Gauck Akteneinsicht beantrage, mir einiges zum Lesen vorgelegt werden würde. Doch irgendeine dort Bezahlte würde zuvor das aussondern und schwärzen, was ich nach ihrer Meinung nicht lesen dürfe. Vormals sind das Westzeitungen gewesen oder mir vorenthaltene Bücher und Post. Soll ich mir heutzutage von irgendwem, der / die weder mich noch meine Bücher kennt, einen nicht von mir angefertigten Lebenslauf auch noch ändern lassen durch Streichungen?

Ich erzähle meine Geschichte selber.

Ärger entstand im Frühjahr 1969 durch den Artikel in der »Weltbühne«: »Sätze über mich und andere«. Schon diese Überschrift ist bezeichnend. Es war das erste Mal, daß mich dieses verehrte Blatt, dem ich aus Respekt nie etwas einzusenden gewagt hatte, um einen Beitrag bat. Da wollte ich der Tradition entsprechen. Von Tucholsky beeinflußt, begann ich übermütig damit, ich hätte in Rostock das Konservatorium besucht – was insofern stimmte, daß dort eine Tagung stattgefunden hatte mit jungen Autoren –, und daß ich mir auf der Toilette von der Wand eine Notenzeile notiert hatte, die sich als »Du bist verrückt mein Kind« herausstellte. Ich machte mich bei dieser Gelegenheit lustig über die Kaderpolitik, nannte das Wort »Nomenklaturkader« für mich ungeeignet, weil ich doch lieber Schriftsteller sein wollte. Das war Parteilästerung und damit neue Majestätsbeleidigung, da jeder nach einer Funktion streben sollte, durfte man das nicht öffentlich lächerlich machen. Die »Weltbühne« druckte mich wortwörtlich.

Der Blitz aus dem SED-Zentralkomitee aber schlug in der »Wochenpost« ein. Weil ich dort angestellt war. Ich mußte eine schriftliche Erklärung über meine ideologische Verirrung abgeben, schrieb bußfertig den Ablaßzettel, nahm Beruhigungstabletten. Es gab eine Versammlung, die mich nicht verdammte. Rosemarie Rehahn: »So schreibt er doch immer!« Die Anständigen machten den Mund auf. Der »Wochenpost«-Geist ... Aber es hatte auch geheißen, durch solchen Beitrag würde ich den Orden »Banner der Arbeit« gefährden, der für die »Wochenpost« beantragt war. Und ich hätte Witze über die neue Parteiführung der ČSSR erzählt. »Vor Parteilosen«!

Plötzlich merkte ich, daß ich Freunde hatte. Eines Abends erschien der Graphiker Horst Bartsch (1926–1989), Dieter Heimlich kam, der sich Jahre später durch einen Fenstersprung – wer weiß, warum? – vom Leben trennte. Sie wollten nur zeigen, daß sie da waren. Ebenso Eckart Krumbholz (1937–1993), der mir später ganz am Rande einen guten Rat gab, wie mit der Stasi umzugehen sei. Davon gleich mehr. Doch erst kam die Stasi.

Es erschien unangemeldet ein Mann und schüchterte mich ein. Mittlerweile klüger, ja, wie erkenne ich, ob ein Ausweis echt ist, wenn ich nicht weiß, wie das Original aussieht? Das gilt derzeit für Trickdiebe, die alte Frauen übertölpeln.

Nun benutze ich den Text, den Joachim Walther in seinem 1996 erschienenen 888-Seiten-Buch »Sicherungsbereich Literatur« verwendet im Kapitel »Mißlungene Werbungen«. Dort heißt es, ich sollte 1969 als »IMV« geworben werden, um *objektiv die Lage unter den Kulturschaffenden einzuschätzen* »und auf Reiner Kunze angesetzt zu werden«.

Ein IMV, wie ich bei Walther erfahre, bedeutet: »Inoffizieller Mitarbeiter, der unmittelbar an der Bearbeitung und Entlarvung im Verdacht stehender Personen mitarbeitet.« Dafür eigne ich mich ja ganz besonders.

Jener Mensch sagte gleich zu mir: »Sie müssen jetzt mit uns zusammenarbeiten!«, bezog sich auf den verhängnisvoll interpretierten »Weltbühnen«-Beitrag, war bestens informiert über dessen Auswirkungen und hatte die Oberhand. Bei Walther heißt es: »Das erste Kontaktgespräch fand am (sic) Ende Juli 1969 statt. H. K. unterschrieb eine handschriftliche Schweigeverpflichtung, die auch den Decknamen ›Ronald Neumann‹ und ein Losungswort« (?) »enthielt«.

Es ging mir aber darum, jenen so schnell wie möglich aus der Wohnung zu entfernen, weil er nur die Hand auszustrecken brauchte: »Woran arbeiten Sie denn jetzt?« Er hätte allerlei Zeitungsausschnitte und anderes Papier in der Hand gehabt. Die »2000 Worte« der Tschechen und mehr vom inzwischen umgepflügten Prager Frühling, über den ich zunächst für mich etwas zu schreiben vorhatte, weil ich ihn betrauerte.

Unsere vierköpfige Familie hatte in den Tagen vor dem 21. August 1968 in Bad Schandau Urlaub gemacht, wir waren nach Litomeriče gefahren, hatten am 20. in Usti nad Labem mit einem tschechischen Kollegen gegessen, waren guter Dinge nach gutem Gespräch. In der Nacht vom Lärm der Panzerketten geweckt. Der auch für uns erhoffte Sozialismus mit menschlichem Antlitz wurde von sowjetischen Panzern zermahlen. Wir schrieben eine Entschuldigungskarte an den Freund in Usti, winkten in Dresden-Tolkewitz wie besessen einem in seine Heimat zurückkehrenden Frachtkahn zu, der seine ČSSR-Fahne auf Halbmast gesetzt hatte. Daß sie von Bord zurückwinkten, machte uns dankbar und kräftig.

Zurückgekehrt in die Redaktion, fand eine Versammlung statt, in der hochnotpeinlich jeder, den es betraf, gefragt wurde, warum er sich in dieser Situation als Genosse nicht sofort aus dem Urlaub gemeldet habe ...! Ungeschriebenes Gesetz: Jeder mußte sich bei bedeutenden Ereignissen sofort in der Redaktion ansagen, egal wo er war. Wer hatte sich nicht gemeldet? Kno. Aha! Der aber antwortete, er habe – Urlaubsadresse bekannt – in Bad Schandau, also in nächster Nähe, ständig erwartet, telegrafisch, als Sonderkorrespondent im Gefolge der einmarschierenden Truppen des Warschauer Pakts zu einem Augenzeugenbericht aufgefordert zu werden. Chuzpe macht andere sprachlos.

Warum ich unterschrieb? Ich hielt es einfach für eine Loyalitätserklärung. Ja, ich würde nicht mehr über Nomenklaturkader spotten.

Von der Bezeichnung IM erfuhr man erst nach 1990.

Der Besucher in Zivil war ein Oberleutnant namens Käpernick. Seinen Namen las ich bei Joachim Walther. Diese Brüder stellen sich immer mit falschen Namen vor oder gar nicht, was auf dasselbe herauskommt. Er fragte auch gar nicht höflich anwerbend, sondern nötigte zur Unterschrift. Mit ungutem Gefühl unterschrieb ich. Zum anderen: Bin ich nicht zweimal gezwungenermaßen auf Hitler vereidigt worden – und was hat es dem genützt? Und was ist meine Unterschrift erzwungen wert?

Im »Kontaktaufnahmebericht« äußert Oberleutnant Käpernick »äußerst skeptisch«: *K. muß allmählich an eine direkte Zusammenarbeit mit dem MfS herangeführt werden. Er verfügt über interessante Verbindungen wie z. B. zum Reiner Kunze.* Den ernährte ich zwar ein bißchen bis Anfang 1974, indem er unter zwei Pseudonymen schöne Rezensionen für die Wochenpost schreiben konnte, zum anderen hatten wir uns seit 1964 wegen einer privaten Affäre, die er mir verübelte, längst als Freunde voneinander entfernt.

Ich erinnere nicht mehr, wie Oberleutnant Käpernick aussah, der sich nicht mit Dienstgrad vorgestellt hatte; ich kann Personen schlecht beschreiben, eher ihr Verhalten. Außerdem war mir scheußlich zumute. Käpernick nahm sehr geschäftig den Schreibblock, auf dem ich nach seinem Diktat geschrieben hatte, und riß vier, fünf Blätter ab, auf denen sich womöglich etwas durchgedrückt haben konnte. Solche Verschwendung tut unsereinem als Papierfetischisten leid.

Dann ging er. Ich räumte auf. Denn wenn ich vor etwas regelrecht Bange hatte, war es eine Haussuchung. Nicht, daß ich regierungsfeindliche Schriften angefertigt hätte, es war die Unordnung, die jene Wühler hinterlassen würden. Und außerdem: es gibt kein Indiz, das die Behörde nicht in deine Wohnung pflanzen und dann entdecken kann.

Der Oberleutnant berichtete: *K. ist jedoch unter den gegebenen Umständen nicht in der Lage, aus der politisch-ideologischen Sicht uns wirklich objektiv die Lage unter den Kulturschaffenden einzuschätzen. Bei allem muß immer gesehen werden, daß Käpernick auch Vorgesetzte hatte* ... »Inwieweit« ich mich »trotz der offenkundigen ideologischen Unklarheiten zur ›qualifizierten‹ Zusammenarbeit ›charakterlich‹ eignete, sei zu klären. Da irrte er sich. Jetzt war es nämlich nicht mehr die Unsere Gute Sache DDR unterstützende Mitarbeit, sondern die düstere Bedrohung durch die eigene Geheimpolizei.

Ich war außerdem erpreßbar. Es gab ein außereheliches Kind. Dessen Mutter wechselte auffallend häufig (das fällt einem erst hinterher auf) ihre Arbeit als »Juristin« in verschiedenen Ministerien. Was ich ihr erzählt hatte, bot zwar reichlich Stoff für Käpernicks Kollegen, wurde jedoch von ihr wohl nie mich so belastend gemeldet, daß ich ihr weniger Unterhalt hätte zahlen können, falls ich nichts mehr veröffentlichen durfte. – Es war schon immer etwas teurer, mit der Stasi zu schlafen.

Während in der »Wochenpost« ein Zitat die Runde machte (»Die Tschechen mußten die Fahne einholen, Kno aber zieht sie wieder hoch!«), erschien meine Rubrik »Mit beiden Augen« mit harmlosem Text weiter. Ich hatte um ihr Bestehen gefürchtet. Und danke an dieser Stelle meiner Frau Helga, die mir keine Vorwürfe machte, sondern schon im Mai überlegt hatte, wie wir bei Repressalien mit weniger Einkommen existieren könnten.

So grotesk es klingt: Ein Jahr nach meinem »Weltbühnen«-Skandal sollte ich Chefredakteur der »Weltbühne« werden! Dazu aufgefordert von jener Abteilung Agitation im Zentralkomitee, das ich mit meinem Artikel so geärgert hatte. »Die Weltbühne« – da spult es vor dir ab: Jacobsohn, Tucholsky, Ossietzky, Budzislawski, dreißig Sekunden lang bist du euphorisch, dann sagst du dir, daß es kein unabhängiges Blatt bleiben könnte; jeden Donnerstag müßtest auch du zur »Argumentation« erscheinen und hättest weder Kraft noch Zeit zum Schreiben. »Nein«, antwortete ich höflich. Bedenkzeit nicht nötig. Damit war die Sache erledigt. Nur mußte ich, bis ein Chefredakteur gefunden war, in der »Weltbühne« als Redakteur wirken. Es wurde zum wohl schönsten Vierteljahr meines Zeitungslebens. Eine Handvoll Menschen, die am »Blättchen« hingen, großartige Korrespondenten und Autoren, für die es eine Ehre war, dort für wenig Honorar gedruckt zu werden. Mein »Mit beiden Augen« lieferte ich weiter.

Seltsam nur: Als ich als Nachfolger von Hermann Budzislawski empfohlen worden war, las Ursula Madrasch, amtierende Vize-Chefin und Seele des »Blättchens«, Albert Norden (Politbüro) und Budzislawski meine »Sätze ...« vor, über die sich beide »köstlich amüsierten«, wie mir Ursula Madrasch sagte, und mich »zum geeigneten Nachfolger erklärten«. Als ich das meinem Chefredakteur Neheimer erzählte, wurde er bleich vor Wut. Ihm hatte man gesagt, meine »Sätze« hätten höchsten Ortes, also bei Albert Norden, Ärgernis hervorgerufen. Gegen wen intrigierte die Abteilung Agitation? Ich war nur willkommener Anlaß.

Ich blieb Autor der »Weltbühne«, bis zu ihrem Tod nach der Wende. Sie fehlt uns.

Melde gehorsamst, Herr Oberlajtnant

Als Oberleutnant Käpernick wiederkam und von mir verlangte, ich solle über einen Liedermacher berichten, der mir nur namentlich bekannt war, antwortete ich (»Melde gehorsamst, daß ich blöd bin«): »Ich soll also klingeln und sagen: ›Guten Tag, Herr Biermann, ich muß für das Ministerium für Staatssicherheit Ihre Gesinnung prüfen.‹« Da machte Genosse Käpernick ein enttäuschtes Gesicht. Nein, solche »Mitarbeit« wollte er nicht.

Deshalb steht bei Walther: »Der nächste und offensichtlich letzte Treff fand am 9. Dezember 1969 statt, dieser war für den Werber Käpernick, inzwischen Hauptmann, offensichtlich so unerfreulich verlaufen, daß er seine Bemühungen einstellte und am 21. Mai 1971 den Abschlußbericht verfaßte«: *Trotz intensiver politisch-ideologischer Einflußnahme auf K.* – Käpernick mußte sich ja als Ideologie-Berater bei seinen Vorgesetzten ausweisen – *zeigte er kein Interesse an einer Intensivierung der Zusammenarbeit mit dem MfS.* Da hatte er doch von mir eine Liste unserer sämtlichen Freunde und Bekannten verlangt! Das ginge überhaupt nicht, antwortete ich. *K. realisierte ihm übertragene Aufträge nicht. K. entschuldigte sich mit sehr viel Arbeit im Verlag und seiner freischaffenden Tätigkeit.* Man kann auch so nein sagen.

Dann folgt ein wichtiger Satz: *K. verfügt über keinen gefestigten Klassenstandpunkt. Er vertritt selbst revisionistische Auffassungen.* Und schließlich: *Da K. weder politisch-ideologisch in der Lage noch bereit ist, durch entsprechende Qualifizierung direkte zielgerichtete Aufgaben zu realisieren, wird die Ablage der Personalakte im Archiv der Abteilung XII vorgeschlagen.* Was will einer mehr? Ich wußte nur nichts davon. Blieb ängstlich.

Was die »direkten zielgerichteten Aufgaben« anging, die er nicht näher erläuterte – ich hatte ihm ins Gesicht gesagt, ich sei nicht der Dorfpolizist, der jeden aufschreibt, der falsch über die Straße geht. Darauf antwortete Hauptmann Käpernick nicht, der auf mich einen erschöpften Eindruck machte; und U-Bahn fahren mußte er auch, wie ich, seine Spur verfolgend, bemerkte.

Seltsamerweise war damit die Sache erledigt. Er kam nicht mehr. Aber zwei mit uns befreundete Familien, die einander nicht kannten, hatten schon im Mai jeglichen Kontakt zu uns abgebrochen. Und mein Abteilungsleiter ließ mir ausrichten, ich möge mich vorsehen; das war nicht der Ton unter Freunden, sondern der für Untergebene. Ein Roman, für 1969 angekündigt, durfte nicht erscheinen – und kam erst fünf Jahre später.

Bis in die späten Siebziger etwa jährlich ein Anruf dieser Leute, die sich mit mir treffen wollten. Ich redete einen deutlich an: »Ja, Sie sind gewiß die Staatssicherheit«, weil er sich als jemand vom Ministerium des Innern vorgestellt hatte, worauf jener »falsch gepolt« murmelte und auflegte. So redete ich mich heraus, wenn auch den Rest des Tages geschockt, wußte aber, mittlerweile klüger, durch Gespräche mit Eckart Krumholz, wie ihnen zu begegnen war. Sie waren Kellerasseln. Hob man den Stein, traf sie das Licht, rannten sie nach allen Seiten davon.

Rief einer an, antwortete Schwejk: »Bitte gern, aber treffen wir uns lieber beim Parteisekretär des Berliner Verlages.«

Und dort mitgeteilt: »Also Genossen, da will jemand, der seinen Namen nicht sagt, sich mit mir unterhalten. Ich weiß aber nicht, ob er von einer westlichen Zeitung kommt oder sogar von einem fremden Geheimdienst ...«

Dreimal, im Vorfeld eines Schriftstellerkongresses, kam einer und fragte nach mir, wollte sich aber nicht äußern zu seinem Anliegen. Ich war tatsächlich nicht zu Hause. Aber meine Frau, als jener zum dritten Male kam, notierte seine Autonummer. Sofort rief ich den Parteisekretär beim Schriftstellerverband an und verpetzte jenen als verdächtigen Klassenfeind.

Dann kam keiner mehr, die Anrufe hörten auf. Längst langten Briefe mit Verabredungen nicht an, merklich wurde das Telefon abgehört. Da riefen wir einander zu: »Seid ihr alle da?«, aber sehr lustig war es nicht. Folglich erschien Kno eines Tages beim Parteisekretär und meldete dieses seltsame Knacken, dieses Sichselber-Hören; war das nicht verdächtig? Wollte der Klassenfeind etwa erfahren, was Kno seinen Freunden als Meinung über den bevorstehenden Schriftstellerkongreß mitzuteilen hatte? Oder hatten sich bereits die Außerirdischen – ich sagte das wörtlich zu ihm – eingemischt?! Nie fand das mir dazu angekündigte Gespräch mit dem Stasi-Residenten im Berliner Verlag statt. Nur so war allem beizukommen.

Aber zunehmend Mißtrauen gegenüber Fremden, das waren wohl zumeist freundlich-interessierte Leserinnen und Leser, aber wußte man? Jahre voller Argwohn und Vorsicht. Wir lebten, auch wegen der fortschreitenden Behinderung meiner Frau, ohne großen Freundeskreis. Was nicht heißt, daß es über die Wende hinweg gute und verläßliche Freundschaft gab und gibt. Insofern wurde der Anschluß zum Ausschluß einzelner, die sich mit mir geschmückt hatten. Einem Leipziger hatte ich seit Jahr und Tag mit Risiko regelmäßig Zeitungsausschnitte geschickt, die ich nicht hätte weitergeben dürfen.

Ich war etwa seit 1979, als der »Herr Moses« erschien und im Ausland bemerkt worden war, zunehmend unabhängiger geworden. Nach und nach. Die Reisen in den Westen, siehe meine Vor- und Nachbemerkungen zur Ausgabe 1993 des »Herr Moses«, wurden genehmigt. Obgleich wir jede Lesung im Westen Monate vorher beantragen mußten. Das unermüdliche Kümmern meines damaligen West-Berliner Verlegers Dr. Peter Moses-Krause sei nicht vergessen.

Meine festangestellte Tätigkeit in der »Wochenpost«, wo man meine räsonierende Harmlosigkeit am besten beurteilen konnte, bewahrte mich vor Unannehmlichkeiten. Außerdem war ich durch »Heinrich-Heine-Preis« (1965) und »Feuchtwanger-Preis« (1986) öffentlich gewachsen.

Berichte über Westreisen, erwartet vom Schriftstellerverband, konnte man, auch wenn die freundlichen Damen nachfragten, vertrödeln. Ich schrieb keinen. »Wegen Arbeitsüberfülle am neuen Buch«. Meine Bericht über die USA-Reise 1985 kann man jederzeit drucken: Darin steht, daß für drei Jahreszeiten innerhalb zweier Monate entsprechende Kleidung mitzunehmen notwendig sei; und daß man dorthin künftig, bitte schön, Autoren entsenden möge, die der englischen Sprache mächtig seien.

Angemerkt, daß 1976, als die Erklärungen zur törichten Ausbürgerung Biermanns durch die Medien zischten, niemand von mir eine Unterschrift wollte. Weder für noch gegen. Das hatte man mir schon einmal freundlich anvertraut: die einen hielten mich für einen linientreuen Genossen, für andere war ich einer der Unzuverlässigen. So war es Glaßbrenner gegangen, als sein Buch über Wien sowohl dort als auch in Berlin verboten wurde. Ist es etwa das Höchste, gleichzeitig beiden Seiten unheimlich zu sein?

Doch sei Gauck noch etwas mitgegeben auf seinem Aktenweg. Dr. Hans-Jochen Vogel war seit »Herr Moses in Berlin« (1980) mein Leser. Wir begegneten einander einige Male. Das gab mir Mut; und vielleicht war er eine Art Schutzpatron dieser Jahre. Ich durfte schließlich, auch das eine Anekdote, 1986, in seinem Neuköllner Bürgerbüro aus »Meiner liebsten Mathilde« lesen. Um ihn 1988 durch das Nikolaiviertel zu führen, woran ihm lag, fragte ich niemanden um Erlaubnis. Zum Schluß ein Abendessen im »Ganymed«. Teilnehmer: Dr. Vogel und Frau, Dr. Bräutigam, der damals der Ständigen Vertretung der BRD vorstand, Kno und Frau Helga, Prof. Dr. Dieter Schröder mit Frau Eva und ein mit Familie Vogel befreundetes oder verwandtes Ehepaar, das wohl am meisten unter Beobachtung stand. Ich sah am Nachbartisch die beiden Paare vom jeweiligen Personenschutz einträchtig speisen, so die deutsche Einheit vorwegnehmend beim Schopfe packend, soll heißen beim Wiener Schnitzel mit Brokkoli und Rahmsauce. Warum auch nicht?

Im Stasi-Bericht über diesen Abend erscheine ich als »der Schriftsteller Knobloch«. Meine Frau aber als »Frau Bräutigam«. Darf ich daher Sie, Herr Stasiakten-Beauftragter Joachim Gauck, hiermit beauftragen, mir aus Ihren Stasi-Unterlagen meine Ehefrau als Helga Knobloch zurückzuerstatten?

Für die Menschen

Im Juni 1967 erschien ein neuer Chefredakteur. Kurt Neheimer (1924–1995); er kam von der »Schweriner Volkszeitung«, die er seit 1960 geleitet hatte. Und als er uns eine Weile zugeschaut hatte, gefragt, sich umgehört und nachgedacht, äußerte er Sätze, wie wir sie hier noch nie gehört hatten. So konnte ich in der Redaktionskonferenz Ergebnisse von Leserbefragungen aus Thüringer Bibliotheken vorstellen. (Wer bevorzugte dort was? Und waren sie nicht zugleich unsere Leser? Wieso schätzten auffallend viele Männer über Dreißig Sagen und Märchen? Sehnsucht nach der Kindheit?) Das war endlich Meinungsforschung, obgleich Ulbricht verkündet hatte, sie sei überflüssig, »denn dafür haben wir unsere Agitatoren«.

Es dauerte nicht lange, da spürte ich und sagte es: »Wir sind alle einen Zentimeter größer geworden!« Mit diesem ermutigenden Gefühl, von einem gescheiten Menschen beflügelt zu werden, machten wir unsere Zeitung! Und erreichten eines Tages mit Neheimer die Millionenauflage. Sie stieg noch weiter bis zur Grenze der Papierzuteilung, aber auch der Rentabilität, denn bis Ende 1989 kostete die »Wochenpost« 30 (dreißig) Pfennige.

Neheimer hatte Ende 1939 mit dem letzten Transport jüdischer Kinder Hitlerland verlassen können, war via Italien nach Palästina gelangt, wo er 1942 als Freiwilliger in die britische Armee eintrat und Ende 1945 nach Berlin zurückkehrte. 26 seiner Angehörigen waren Opfer der »Endlösung« geworden; wie seine Mutter endete, hat er nie erfahren.

Als Ende November 1968 mein Vater in West-Berlin gestorben

war und mein damaliger Abteilungsleiter es abgelehnt hatte, sich für ein Visum zu verwenden, kümmerte sich Kurt Neheimer an höchster Stelle, bei Werner Lamberz, der damals die Abteilung Agitation des Zentralkomitees leitete, und erreichte, daß ich zwei Tage zu meiner Mutter fahren und an der Trauerfeier teilnehmen konnte.

Wie viele seiner Weggenossen ließ Neheimer sich erdbestatten und nicht einäschern. Wegen Auschwitz.

Als Anfang 1997 die mehrfach verdrehte »Wochenpost« in ihr Hamburger Sterbebett gelegt ward, schrieb Claudia von Zglinicki, die in den Siebzigern als hellwache Volontärin unsere Redaktion wahrgenommen hatte, in ihrem Nachruf exzellent und treffend über Neheimer: »Kultiviert und gebildet, klug, übernervös und in der Alltagsarbeit wohl schwer berechenbar. Er flößte unbedingt Respekt ein, er blieb unnahbar. Bei der wöchentlichen Blattkritik, die damals ›Einschätzung‹ hieß, wechselte er unablässig seine verschiedenen Brillen.«

Jeder Chefredakteur hat seine Beispiel-Figuren. Zumeist ist es »Lieschen Müller«, für die geschrieben werden soll, damit sie die Zeitung kauft. Ein andermal »schreiben wir nämlich nicht nur für Lieschen Müller!«. Bei Neheimer hießen sie »Juckenack und Klotzekuchen«, negative Figuren, für manches zu blöd. Zuweilen schien es, als säßen sie in der Abteilung Agitation.

Unter Neheimers jüdischen Witzen war der bevorzugte: Nach langer Zeit treffen sich zwei Schulfreunde. Dem einen geht's glänzend, der andere ist ziemlich abgerissen und erzählt, er habe Musik studiert und spiele Fagott. Sagt der Begüterte: »Spiel lieber nicht Fagott, spiel lieber für die Menschen.« Mir sagte Neheimer einmal vorm Fahrstuhl im zehnten Stock die Variante: »Wir machen die Zeitung fa Gott«, womit er das Zentralkomitee meinte, »und nicht für die Menschen!«

»Ein glänzender Autor«, schrieb Klaus Polkehn im Nachruf über ihn, »ein großer Anreger und stets für neue Ideen aufgeschlossen.« Eine davon äußerte er im Sommer 1968. Fragte, ob ich Lust hätte, alle zwei Wochen ein Feuilleton zu liefern. Redakteure gäbe es genügend, Schreiber nur wenige. Ich antwortete ziemlich kühn, wenn schon, dann jede Woche! Und bereitete mich vor. Für die Literatur wurde Sibylle Elberlein eingestellt, die meine Arbeit übernahm, wobei ich die drei Kurzrezensionen behielt, weil ich sie für die Seite 22 erfunden hatte und bis heute gern neue Bücher anfasse. Darunter sollte mein Feuilleton stehen, für das ich noch keinen rechten Namen hatte. Zu viele (»Wie ich es sehe«, »An den Rand geschrieben«, »Pflücke den Tag«) und andere waren im feuilletonistischen Zeitalter längst vergeben. Wohl mit der beste Vorschlag kam Jahre später von der Bautzener Leserin Käthe Wedel: »Das Lächeln der Zeitung«. Ich nutzte es 1974 als Buchtitel.

Warum fiel mir die Zeile an einem Spätherbstabend 1968 auf dem Weg zur Komischen Oper in der U-Bahn ein, kurz vor »Stadtmitte«? Die Überschrift mußte gleichermaßen für Text und Bild zutreffen und es bleiben, Woche für Woche: »Mit beiden Augen«.

Die Serie begann in der Weihnachtsnummer als heimliches Erinnern daran, daß unsere Zeitung vor fünfzehn Jahren ihre Premiere erlebt hatte. Ich schilderte eine Weihnachtsfeier (»So Ende Dezember«), die ich mit der erwähnten Jugendbrigade von Berlin-Chemie erlebt hatte, einmalig und unwiederholbar: »wer dazugehört, friert nicht«.

Ich dachte, ich könnte es vielleicht zwei Jahre durchhalten, Woche um Woche. Wußte als erfahrener Zeitungsmann, daß nicht ohne Vorlauf angefangen werden darf, wußte aus Schreiberfahrung, nicht in jeder Woche würde ein Text gelingen, lernte bald, es dauerte durchschnittlich sechs Wochen, bis er so gut war, daß ich ihn auf die Lese-Menschheit loslassen mochte.

Es wurden fast zwanzig Jahre. (Daniel Spitzer, 1835–1893, schrieb 27 Jahre »Wiener Spaziergänge«.) Tausend Texte. Was die Rubrik auszeichnet, ist die Betonung des mittleren Wortes, denn durch die Illustrationen Wolfgang Würfels kam mit seinen beiden Augen etwas hinzu, das es meines Wissens in der deutsch-sprachigen Presse bis heute nicht gegeben hat. Oft wurde gefragt, wie solche Einheit funktioniert? Ich begegnete dem freundlich-stillen Wolfgang Würfel (1932) an die sieben oder acht Male im Jahr – und gerade dann hatte es stets einer von uns eilig. Er bekam von der Abteilung Graphik einen Durchschlag meines Textes. Ich sah sein Werk als Fertiges. Zuweilen brachte ich von unterwegs ein paar Fotos mit oder eine Ansichtskarte als Zeichenvorlage. Wer je mit Illustratoren zu tun hatte, weiß um ihre Unpünktlichkeit. Würfel, sagenhaft zuverlässig, brachte uns nie in Terminnöte, erklärte seinerseits in einem Interview: »Der Kno red't nie rein!«

Bei einem der Buchbasare am 1. Mai in Berlin kam ein junger Mann und sagte, er hätte früher bei seinem Großvater in die »Wochenpost« geschaut und sich »über die Bildchen vom Herrn Würfel gefreut«, viel später dann auch die Sätze ringsum zu lesen begonnen ...

Nach und nach zeigte sich, was in diesen drei Worten »Mit beiden Augen« steckt. Plastisches Sehen, weites Blickfeld. Man kann blinzeln, ein Auge zudrücken. Oder alle beide. Zu Auburtins zehntem Todestag hieß es: Er trug »auch jenes zweite Auge, das die Welt neu schafft«. Darin liegt Forderung.

»Niemand kann ich glücklich preisen / Der des Doppelblicks ermangelt« heißt es im »West-östlichen Divan«. Goethes Verhältnis zur Welt. »Das Auge mit dem Blick des Schelmes der Schelmen« (Werner Weber), daneben das »arglos geöffnete Auge«. Was schadet es, wenn Goethe Mädchenaugen meint in jenem Gedicht. Ist nicht seit den Tagen von Jules Janin (1804–1874) das Feuilleton ein »Brief an die unbekannte Leserin«? Ich sammelte solche Zitate und erfuhr eines Tages beim Optiker, ich hätte zwei verschiedene. Das eine sieht kurz, das andere weit; na bitte.

Erste Frage: Warum ging es so lange? Weil man mich in Ruhe gelassen hat. Weil man mich hat machen lassen. Ich konnte mir die Themen selber suchen und habe Mischung und Reihenfolge bestimmt; das hieß auch, daß wir in der Kulturabteilung die Themen verteilten. Ich nahm gern Jahrestage von Menschen, die offiziell unberücksichtigt blieben. Versuchte unter der Hand oder zwischen den Zeilen humanistische Gedanken zu verbreiten. Hatten Gebildete wie Otto Grotewohl (Schillerrede an die deutsche Jugend) oder sogar Ulbricht in der Frühzeit noch Goethe zitiert, hatte das längst aufgehört. Begann aber auch nach 1991 nicht wieder, weil es offenbar den Redenschreibern der Bundes- und Ländergrößen an Zitaten mangeln soll, die das fernsehdirigierte Volk ohnehin nicht versteht.

Zweite Frage: Warum hörte es mit der Nummer 1000 auf?

Einfache Antwort: Als ich lange zuvor die Tausend ankündigte, sagte niemand zu mir: »Mach weiter!« In der Ausgabe Nr. 6/1988 erschien das letzte. Es trug die Überschrift: »Mit beiden Augen«.

Dort heißt es, warum es überhaupt so lange gegangen ist: »Weil man mich in Ruhe gelassen hat. Weil man mich hat machen lassen. Ich konnte mir die Themen selber suchen und habe Mischung und Reihenfolge bestimmt. Unter dem Zwang, pro Jahr 52 oder 53 Ideen zu haben und verwirklichen zu können. In bestmöglicher Sprachform. (Und ohne Ersatzmann vom Vorrat gelebt, wenn ich krank war oder auf Reisen.) Dieser Zwang war Vergnügen, den ich habe ja nur das geschrieben, was ich wollte. Und wer kann das von sich sagen? Davon wurden 97,77 Prozent gedruckt.« Daß ich mich mit dieser willkürlich erfundenen Zahl auf die DDR-üblichen Wahlergebnisse bezog, war meine letzte Pointe.

Gestrichenes

Die uralte Theaterweisheit »Was gestrichen ist, kann nicht durchfallen«, gilt im Zeitungsgewerbe erst recht. Dort kann es nicht auffallen!

Das braucht eine Einleitung. Wie schon im alten Rom verteidigen Chefredakteure ihr Monatsgehalt. Denn auch sie haben Vorgesetzte. Das muß man wissen.

Freischaffende Schriftsteller(-innen) haben davon kaum Ahnung, weil sie in Isoliertheit mit Illusionen arbeiten. Deshalb schreien sie empört über zugemutete Änderungen: »Zensur!« Dabei sollten sie froh sein, wenn es in der Redaktion/im Verlag jemanden gibt, der ihre Sätze aufmerksam liest und Änderungen vorschlägt, die überhaupt keine politischen Gründe haben müssen. Sondern vielleicht stilistische. Das aber erklär mal den von sich Überzeugten.

Bei Lesungen befragt, antworte ich gern: »Vormals durfte man das Politbüro nicht ärgern. Heute sind es die Anzeigenkunden.« Die daraufhin wütenden Blicke sind mittlerweile seltener geworden.

Natürlich ist es nicht angenehm, zuweilen mit langem Nachdenken angefertigte Sätze zu verlieren. Dazu kam die womöglich übernommene sowjetische Praxis, nicht mit dem Autor zu reden, sondern nur mit seinen Vorgesetzten. Denn die hatten das Zeug gedruckt. Der Verfasser konnte sich nicht rechtfertigen, keine Argumente vortragen, keine andere Formulierung suchen oder vorschlagen, einen Kompromiß finden. Kein Unterschied zwischen Zeitung oder Buch. Und du durftest nicht am Selbstwert der dort Verantwortlichen rühren. Als es um das zugegeben hundsgemeine Feuilleton »Besuch« ging, das ich der »Wochenpost« gar nicht erst angeboten hatte – Stefan Heym nahm es 1978 in seine Anthologie »Auskunft 2« auf –, reiste aus Halle der Stellvertretende Cheflektor an: Ich sollte diesen Text aus dem Manuskript für »Mehr war nicht drin« streichen. Ich wollte aber, daß der Verlag es wenigstens dem Ministerium zum Hinauswerfen einreichte. Sollten sie dort sagen, es ginge nicht. Daraufhin rief mich die Cheflektorin an, denn »im Verlag entscheiden sie das selber!« Ach gar, wer's glaubt. Tieferer Sinn: sie mochte sich keine ideologischen Unklarheiten vorwerfen lassen, wenn sie solchen Text nicht bereits auf ihrer Ebene angehalten hatte. Im Grunde tat sie mir leid.

Ich klage ja hier niemanden an, nenne aber Kuriositäten: »Im Drehkreis«, weil ich in der Badewanne gern im Radio die Musik der alten Tschechen hörte, mußte in der »Wochenpost« die Stelle entfallen, daß mich zwischendurch im Radio »… eine harte Frauenstimme mit Nachrichten straft, für die ich nicht kann.«

Anfang 1981 fand meinetwegen eine Parteiversammlung statt. Ich hatte, über den berühmten Anwalt Karl Friedrich Kaul (1906–1981) schreibend, sein Lachen (kch kch kch) mit dem von Erni aus der »Sesamstraße« verglichen, was von niemandem bemerkt worden war, erst von den amüsierten Rotationern beim Andruck. Daraufhin wurden die Maschinen angehalten und die Stelle geändert.

Seltsamerweise bekam ich nie eine sogenannte Parteistrafe, die ich ohnehin nicht ernst genommen hätte. Wie dämlich mußte jemand sein, den als Erwachsener eine »Rüge« oder »strenge Rüge« beeindruckte? Stalins Kindergarten blieb weit geöffnet. Ich habe tatsächlich erlebt, daß ernsthafte Menschen mit erhobener Hand für die eigene Bestrafung stimmten. Das erklärt liliputartig die Moskauer und spätere Prozesse.

Als das Karl-May-Buch von Erich Loest erschien, schrieb ich eine Rezension, die nicht erschien, auch wenn ich die Stelle »glücklich sich abgesichert gegen Rothäute« umformulierte in »seinen Skalp zu retten«. Loest ging außer Landes und hat auch vergessen, wie er sich ehrlichen Herzens bedankte, weil ich wohl der erste war, der ihn nach seinen schlimmen Zuchthausjahren druckte.

Was er auch nie erfuhr – ich hatte, eigenes Schulerlebnis nachempfindend, jene Schwimmbad-Episode in seinem »Es geht seinen Gang« mit den Worten geschildert: »... der Schreibkollege löst das Problem« – und da so versteckte Anspielung uns nur Freude macht, wenn sie bemerkt wird, aber niemand reagierte, wies ich darauf hin, wurde sofort verpetzt und erfuhr hintenherum, auf diese Weise könne ich mich aus der Redaktion »hinauskatapultieren«.

Seit 1973 hatte die »Wochenpost« zunächst sporadisch, schließlich in jeder Ausgabe auf der Seite 18 eine Art feuilletonistisch geschriebenen Text, den Rolf Pfeiffer als sein Kind betrachtete und betreute. Das meiste schrieb er selber, hatte aber auch Autoren. Hin und wieder, ein paarmal im Jahr, konnte ich die »Achtzehn«, wie sie bei uns hieß, für ein langes »Mit beiden Augen« erobern. Für »Glaßbrenners Nachlaß«, der noch Unveröffentlichtes bot, für das große Hindernisrennen in Pardubiče und anderes mehr. Am Schluß hieß es: »Bitte lesen Sie auf Seite 22 weiter«.

1982 überredete mich mein Freund Klaus Rebelsky, damals Schuldirektor, mit ihm den Neubautenbezirk Marzahn zu besichtigen, in dem er wohnte. Das war dermaßen interessant, daß ich darüber ausführlich in meiner Reihe »Mal kurz in ...« zu schreiben Lust bekam.

Hinfahrt mit der Straßenbahnlinie 18, wobei ich mir die Anspielung auf die Seite 18 entgehen ließ, aber eine längst erblickte nutzte: Es gab in der Chausseestraße ein Geschäft mit Kleinmöbeln/Bastlerbedarf, über dessen Schaufenster stand »Leisten Lindert«. Zitat: »Ich las das lange als Losung, aber der Mann hieß so«.

Es entstand ein mit Besucherfreude verfaßtes langes Feuilleton (Seite 18 mit Umlauf auf Seite 22). Dort las man: »Ein Lehrer besitzt ehemalige Schüler. Das heißt, nur wenn er sich als Mensch erwiesen hat. Dann kennt er Zahnarzt, KfZ-Mechaniker, Krankengymnastin, Elektriker, Buchhändlerin und Klempner ...« Das bedeutete, daß ein guter Lehrer nie um die übliche Mangelware verlegen sein mußte. »So einer kann nach Marzahn ziehen, sagen die Leute, aber Telefon hat er trotzdem nicht.« Das war die von jedem verstandene Alltags-Wahrheit. Besondere Achtung genoß Rebelsky unter seinen derzeitigen Schülern, weil bei mir seine Auskunft stand: dort, wo er noch im Vorjahr Maiskolben geklaut hätte, stünden jetzt Wohnblöcke.

Endlich mal hätte jemand in der »Wochenpost« etwas Lesbares über das Lieblingsgebiet der Partei geschrieben, hieß es in der Redaktion, als ich meinen Text abgegeben hatte. Der Seite 18 war sogar ein Foto beigefügt worden. Und daß einer wie ich ein Berlin-Thema so positiv behandelt hatte. Als Feuilleton. Die »Wochenpost«, oft zur Gegenwartsnähe aufgefordert, brachte endlich etwas Gutes über Marzahn ...

Zu früh gefreut. Jede Woche mußten die Chefs der Zeitungen zur »Argu«, wie die Sitzung in der Abteilung Agitation hieß. Da wurde zum Beispiel mitgeteilt, daß wegen der schlechten Kartoffelernte ab sofort nur Rezepte mit Reis veröffentlicht werden durften. Ferner wurden Beiträge behandelt, die den in der Abteilung als Zeitungsfahnder Tätigen als besonders schlecht aufgefallen waren. Da freuten sich manche Chefredakteure wie Schulkinder, wenn es den Nebenmann betraf, der diesmal eine Fünf oder sogar einen Tadel bekam.

Daraufhin wurde mein »Marzahn« in der nächsten Redaktionssitzung fürchterlich geschmäht. Ich war nicht da, um so besser ging das. In jener »Argumentation« hatte der Agitations-Chef Geggel zu unserem Abgesandten gesagt: »So kann man nicht über Marzahn schreiben!« Wer vermag heute nachzufühlen, was dieser harmlos klingende Satz auslöste. Jener Heinz Geggel – er stieg gleich 1964 zu Beginn unseres Fernstudiums aus, benötigte keine weitere Bildung, um über Nacht Intendant des Rundfunks und später mehr zu werden. Von 1971 bis zum Ende 1989, also viel zu lange, leitete er gehorsam die Abteilung Agitation des ZK der SED, gefürchtet von den Abhängigen, die ihn verachteten. Er blieb ein Druckfehler. So kam es wegen meines »Marzahn« zu einer Parteiversammlung: Niemand hätte von mir verlangt, über Marzahn zu schreiben! Damit war die Leitung erlöst. Ansonsten war der Beitrag »falsch in der Grundtendenz«, er »störte das Sozialpolitische Programm von Partei und Regierung«, baute »auf Vergangenem« auf, war »nicht brillant, sondern oberflächlich« und so weiter. Die ihn vormals erfreut gelobt hatten, wandten sich jetzt distanzierend ab. Haha.

Da aber Parteiwahlen bevorstanden, zu deren Vorbereitung jede Grundorganisation der Partei immer etwas besonders Verwerfliches brauchte als Beispiel für mangelnde ideologische Wachsamkeit in den eigenen Reihen, kam mein kritisiertes »Marzahn« gerade recht zur Wahlversammlung. Wozu sich dort rechtfertigen? Ich hatte damals keine Angst mehr wie früher; dachte, einen Dreck werde ich tun und noch einmal über Neubauten schreiben.

Es wurden aber auch in Marzahn mit Versammlungen die Parteiwahlen vorbereitet. Eine »Wochenpost«-Kollegin, die in Marzahn wohnte und an einer solchen Versammlung mit dem Ersten SED-Kreissekretär von Marzahn teilgenommen hatte, erzählte mir, daß jener vor allen Anwesenden erklärt hatte: »So wie Knobloch müssen wir über unseren Stadtbezirk schreiben« und dazu aufgefordert, Chroniken dieser Art anzulegen.

Dieses und jenes

Ich mochte nie freischaffend sein. Dazu hing ich zu sehr an der Redaktion. Jetzt, mit meiner Rubrik, war ich so gut wie ein freier Mitarbeiter, kam nur stundenweise, nicht mehr täglich, behielt aber meinen Schreibtisch. Ein Ort zum Hingehen! Ich gehörte weiterhin dazu! Außerdem, mein Feuilleton konnte täglich mit einem Satz aus dem Hohen Haus abgeschafft werden. Dann müßte ich als Freischaffender die Redaktion abklappern, ohne zu wissen, ob nicht die Weisung ergangen war, »von dem nichts mehr zu nehmen«. (Das gab es.) Als Redaktionsmitglied aber hätte man mich beispielsweise zu den Leserbriefen versetzen können oder ins Archiv des Verlages, denn abgestürzte arge Sünder wurden in einer minderen Gehaltsgruppe wieder aufgefangen.

Mein Schreibtisch hatte ferner den Vorteil, daß er im Kulturteil des Großraumbüros stand. So konnte ich mich nach allen Seiten unterhalten mit Elfriede Steyer, Annemarie Görne, Margot Ewert und Bernhard Hönig, die alle genannt seien, weil sie vertrauenswürdig waren, oft genug für mich Korrektur lasen und immer das Neueste erzählten; sehr wichtig, denn eine Zeitung ist ein sensibles Wesen mit Körperteilen aller Art.

Die »Wochenpost« war 1973 aus der Mauerstraße in das neue Zeitungshochhaus des Berliner Verlages am Alexanderplatz umgezogen. Ich hatte insofern Glück, daß ich im Krankenhaus lag. So blieb mir das Packen erspart. Aber einiges ging dabei verloren. Unter anderem der Nachruf für Anna Seghers, beizeiten bestellt und erworben; jedoch lebte sie noch zehn Jahre, so mußte auf die Schnelle ein neuer Nachruf geschrieben werden.

Mein Schreibtisch ermöglichte mir Zeitunglesen. Das gehört in einer Redaktion zur selbstverständlichen Tagesarbeit. In unserem Falle gab es zwar eine gewisse Zuteilung von »Westpresse«, die unsereins sich gegen Quittung im Redaktionssekretariat ausleihen konnte, was mir aber zu mühselig war. Mich freuten die Tüten vom Zeitungs-Ausschnittdienst, die ich als Freischaffender nicht hätte abonnieren dürfen. Darin viel zum Wegwerfen, aber ganze Seiten aus der »Neuen Zürcher Zeitung«! Und überhaupt: oft genug stand auf den Rückseiten mehr Interessantes. Manches archivierte ich, anderes schickte ich weiter an Freunde, ungeachtet der Drohung »Nur für den Dienstgebrauch«. Wer wie ich 1944 als achtzehnjähriger Kriegsgefangener täglich in der »New York Times« die dort nebeneinander abgedruckten Berichte der gegeneinander kriegführenden Mächte vergleichend gelesen hat, der läßt sich später nicht vorschreiben, was er lesen, hören und sehen darf. So bewältige ich auch heutzutage, was mir »unabhängig« oder »überparteilich« und somit unauffällig vorenthalten wird.

Dazuzugehören ist wunderbar. Ich wollte darauf nicht verzichten. Nahm selbstverständlich an den Redaktionssitzungen teil, hörte Lob oder Abwertung. Wieder merkend, daß nicht jeder/jede einen verstand. Wußte aber zum anderen durch Briefe vom Scharfsinn der Aufnehmenden, in deren Verstand und Gefühl sich meine Gedanken zwischen den Zeilen bohrten. Mit dem schönen Buchtitel »Was nicht in die Zeitung kam« hat sich in der Weimarer Zeit ein Chefredakteur freigeschrieben – ich fand ihn in einem Antiquariatskatalog, finde ihn aber jetzt in meiner Unordnung nicht. Die entstand, als »Mit beiden Augen« begann. Ich häufte Material für beabsichtigte Feuilletons in durchsichtige Folien, sammelte voraus, suchte und las, eine Ordnung aber war nicht mehr möglich. Computer gab es noch nicht. Manchmal blätterte ich die gefüllten Feuilletonfolien durch. Ob sich eines meldete und geschrieben werden wollte.

Ich hatte Karteikarten. Jedes fertige Feuilleton wurde mit Titel, Entstehungsdatum und später mit Erstdruck eingetragen. Leider hat die Deutsche Staatsbibliothek, der ich Ende 1988 – als sich niemand das Ende 1989 vorstellen konnte – meinen Nachlaß zum Registrieren übergab, die Hälfte dieser unersetzlichen Kartei verbummelt, so daß niemand mehr den Zeitraum zwischen Schreiben und Abdruck feststellen kann. Er ist wohl auch nicht wichtig. Alles hat seine Zeit. Der Nachruf für Louis Armstrong mußte anderntags in Druck. Das Feuilleton über Lionel Hampton wurde, frischerlebt in Prag, bald fertig. Ein Blättchen zum fünften Todestag von Bruno Kaiser konnte in aller Ruhe erarbeitet werden. Der Vorlauf ist die Aktualität.

Für unvorherzusehende Änderungen lagen in meinem Schreibtisch griffbereit zwei Feuilletons mit den Illustrationen von Wolfgang Würfel. Das nur nebenbei. Auswechseln hat nicht unbedingt mit Politik zu tun. Einmal hatte ich auf meine Weise einen wunderschönen Bildband über Schiffsunglücke in der Bildenden Kunst betrachtet – da ging in der Biskaya ein DDR-Tanker unter mit Mann und Maus. Anderntags hatten die Tageszeitungen ihre Titelseite mit Trauerrand, und am Mittwoch wäre mein munteres Feuilleton zu lesen gewesen. Da war ich dankbar, daß die Kollegen aufpaßten. Sechs Wochen später, als sich nur noch die Angehörigen an das Unglück erinnerten, konnten meine Seeunglücke erscheinen.

Leitartikel oder »Kolumne«, wie unsere auf Seite 3 rechts oben genannt wurde, gehörten zum Handwerk. So kam jeder mal dran. Als Bernhard Hönig (1931–1997) an der Reihe war, mußte das Porträt mit kurzem Vollbart ausgewechselt werden gegen sein glattrasiertes Gesicht. Denn mit Bärten (und Aktfotos in Illustrierten!) hatte angeblich 1968 bei den Tschechen die Konterrevolution begonnen! Niemand fragte, wie es mit Walter Ulbrichts Bart stünde. Ich erinnere, daß mein Vater oft vorschlug, ich möge mir Ulbricht einmal ohne Bart vorstellen. Dieser Gedanke ist auch in der Gegenwart nicht ohne Reiz.

Im Januar 1982 sprang in früher Stunde, als noch niemand außer ihm in der Redaktion war, ein Kollege aus dem Fenster der Herrentoilette im zehnten Stock. Ein 42jähriger Mecklenburger, der in der Außenpolitik arbeitete und mir gelegentlich beim Begegnen auf dem Korridor etwas Freundliches über ein Feuilleton gesagt hatte. Alle waren verstört, fragten nach Gründen. Es gab weder familiäre noch finanzielle, kaum gesundheitliche. Was wir damals unter uns vermuteten, bestätigte sich nach 1990. Die Stasi wollte ihn zur Mitarbeit erpressen.

Was aber zu dieser Begebenheit gehört: Der amtierende Stellvertretende Chefredakteur meldete selbstverständlich sofort unserem Vorgesetzten in der Abteilung Agitation des ZK: ein Genosse Redakteur hat sich im Verlagshaus aus dem Fenster gestürzt. »Vorn oder hinten?«, war die erste Reaktion – um darauf als erstes zu kommen bei solcher Botschaft, dazu gehört schon einiges. Nein, nicht in die belebte Karl-Liebknecht-Straße hatte er sich gestürzt. Daraufhin bekamen die Fenster eiserne Bolzen, die höchstens einen Spalt von etwa fünfzehn Zentimeter offen ließen. Dennoch sprang eines nahen Tages aus einer Redaktion über uns ein Kollege in den Tod. Daraufhin bekam unser Haus den unter vier Augen zu äußernden Namen »Springer-Verlag«.

Orden und Medaillen

Als ich eines Tages in der »Wochenpost« die »Medaille für ausgezeichnete Leistungen« bekam, war ich sehr aufgeregt bei der Verleihung und freute mich wie ein kleiner Junge. Meinte, ich hätte sie verdient. Darum geht es im Grunde. Die Auszeichnung darf einen nicht selber beschämen.

Eines viel späteren Tages bekam ich die »Verdienstmedaille«, die wegen des törichten Stasirummels um Ministerpräsident Stolpe die wohl am meisten bekannte DDR-Auszeichnung zu sein scheint. Es gab sie in Massen. Ich erinnere, daß wir in einem Ferienheim am Müggelsee zusammenkamen, daß es Radeberger Pilsner gab und 500 Mark, und daß ich die »Verdienten Aktivisten« etwas beneidete, denn die fanden einen Tausender in ihrem Umschlag.

Der »Wochenpost« wurden wie anderen Redaktionen solche Dekorationen zum 1. Mai und dem 7. Oktober zugeteilt. So bekam ich im Rahmen meines 60. Geburtstags den »Vaterländischen Verdienstorden in Bronze«. Zum Silbernen schaffte ich es nicht mehr, was wie vieles in diesem Buch nicht ohne Ironie verstanden werden sollte. Ironie muß für die meisten Deutschen kursiv gedruckt werden oder in Anführungsstrichen stehen, was auch nicht allgemein begriffen wird. Was aber den Vaterländischen Verdienstorden anbelangt, wer ihn hatte, bekam bei Bedarf z. B. einen besseren Herzschrittmacher als andere Patienten. So bedankte sich der Staat bei denen, die sich um ihn verdient gemacht hatten. Heute kann sich jeder um den Herzschrittmacher kümmern, den er bezahlen kann.

Der »Lion-Feuchtwanger-Preis« der Akademie der Künste der DDR war 1986 für mich besonders schön. Als ich meine beiden erwachsenen Kinder die Treppe hinaufkommen sah, fast Hand in Hand, empfand ich sie als den Lohn des Lebens.

Ich konnte Eckart Krumbholz (1937–1994), den blitzgescheiten, späteren Generationen zum Wiederentdecken angebotenen Autor und zuverlässigen Freund für diesen Preis vorschlagen, den er auch bekam als eine seiner wenigen letzten Freuden in seinem von Krankheiten zerfurchten Leben, und ihm die Rede halten. Die wurde in der »Wochenpost« gedruckt, nachdem sich abends im Fernsehen herausgestellt hatte, daß der Buchminister Klaus Höpcke anwesend war.

Im gleichen Jahr 1986 bekam ich den »Nationalpreis der DDR«, 3. Klasse, gratulierte gern Heiner Müller zur 1. und registrierte die Zeremonien: Zeitig eine Stärkung im Palast der Republik, dann hinaus auf die Straße, wo Omnibusse vorfuhren. Ich drängte beim Einsteigen, oh Lustgefühl, einen rotgoldenen General beiseite; der kannte sich mit öffentlichen Verkehrsmitteln nicht aus. Der Bus fuhr uns vom Palast zum Staatsratsgebäude, das wir zu Fuß schneller erreicht hätten.

Dort setzten wir uns im großen Saal, wurden in die Formalitäten eingewiesen. Wir Nationalpreisleute waren, wie sich das für Kulturwesen gehört, die letzten nach den »Ehrenspangen«, »Karl-Marx-Orden«, »Helden der Arbeit« usw. Honeckers Handgeben, anschließend zum Stehempfang. Dort entproppten noch während seiner Ansprache die neuen »Helden« und andere Wirtschaftsgrößen wie gewohnt das bereitstehende Radeberger Pilsner. Ich aber legte jene später herein, bat höflich, mir übern Tisch die Bissen mit dem roten Zeug zu reichen, das sie verschmähten; es war Kaviar, echter. Währenddessen spielte über unseren Köpfen ein unsichtbares Musikkorps, das uns gleichfalls nicht zuschauen konnte beim Kauen, Weisen wie »Thälmann ist niemals gefallen, Deutschlands unsterblicher Sohn« und ähnliches mehr. Es war dermaßen grotesk, daß ich es mir so genau merkte.

Dann schritten wir zur Garderobe. Während die anderen mit ihren Urkundenmappen nicht wußten wohin, holte ich meinen zusammengefalteten Einkaufsbeutel heraus, sagte zu den erstaunten Nachbarn: »In Berlin hat man nämlich immer so etwas bei sich, falls es plötzlich Aal gibt oder Kirschen ...« Sie wandten sich schweigend ab.

Dann ging ich durch die großen Türen hinaus und erlebte, was vielleicht nur wenigen einmal im Leben passiert. Als ich mich mit meinem stahlblauen Beutel dem Straßenrand näherte, stoppte der dort stationierte Verkehrspolizist sämtliche Autos. Meinetwegen! Und ließ mich Einzelmenschen über die Straße gehen. Das war die Auszeichnung. Dann ging ich zum Kupfergraben zu meiner Straßenbahn 46.

Die Medaille »30 Jahre DDR« bekam ich 1979 doppelt. Von der Redaktion und vom Schriftstellerverband. Die mir für Oktober 1989 zugedachte Medaille »40 Jahre DDR« lehnte ich dem damaligen Pankower Bürgermeister schriftlich ab. Nahm aber gern Ende September 1989 die Medaille der »Vereinigung der Antifaschistischen Widerstandskämpfer« entgegen, die mir eigentlich gar nicht zustand. Es war meine letzte Auszeichnung der DDR.

Ähnlich überrascht nahm ich zusammen mit Inge Deutschkron den Moses-Mendelssohn-Preis 1994 des Senats von Berlin entgegen – im Otto-Braun-Saal!

Nicht Geschriebenes

Das sind eine ganze Menge, weil bei einer regelmäßig erscheinenden Rubrik etliche Halbfabrikate und unvollkommene Ideen bereitliegen müssen. Andere wieder »gingen nicht«, denn ...

Nicht geschrieben wurde das folgende Feuilleton: Anfangs hatte mein unterm Strich Erscheinendes einen orangenen, rötlichen oder blauen Strich, wie auch andere Seiten und Überschriften der Zeitung farblich lebendiger wurden. Dann ging die Rede, das »Neue Deutschland« würde auf der ersten Seite ein oder mehrere Fotos farbig drucken. Dazu kam es nicht.

Auch aus der »Wochenpost« verschwanden die farbigen Details. Einerseits war es zu teuer, doch der eigentliche Grund war, daß die Moskauer »Prawda« keine Farbbilder drucken konnte. Da durfte sie von DDR-Zeitungen nicht überholt werden!

Nach einer Lesung in der Bibliothek am Anton-Saefkow-Platz beschwerte sich eine Frau, mein »Berliner Fenster« in der Hand, über meinen Satz über mögliche seelische Grausamkeiten in deutschen Schwimmhallen, betonte: »Ich bin Schwimmlehrerin!« (Man möchte antworten: »Da haben Sie wohl immer saubere Füße.«)

In meinem »Sudel-Buch« klebt ein Zeitungsausschnitt aus der »BZ am Abend« vom 14. April 1986: »Die nächste totale Sonnenfinsternis ist auf dem Gebiet der DDR erst am 7. Oktober 2135 zu beobachten« – also genau zum 186. Jahrestag der DDR ... – »auf dem Gebiet der BRD bereits am 13. August 1999« – also genau zum 38. Jahrestag der Berliner Mauer. Man möchte angesichts dieser Daten meinen, die Sonnenfinsternisse würden vom SED-Politbüro beschlossen.

Witze 1988: Zwei alte Pferde treffen sich, eines will ausreisen. Sagt das andere: »Jahrelang haben wir die Karre aus dem Dreck gezogen, und jetzt, wo es bergab geht, willst du weg!«

Was ist der Unterschied zwischen Lenin und Gorbatschow? Lenin mußte aus Arbeitern Kommunisten machen.

Der Postminister erfuhr es auch erst beim Zeitunglesen (»Neues Deutschland«, 18./19. November 1988): die sowjetische, in deutscher Sprache erscheinende beliebte Zeitschrift »Sputnik« war aus der »Postzeitungsliste gestrichen worden. Sie bringt keinen Beitrag, der der Festigung der deutsch-sowjetischen Freundschaft dient, statt dessen verzerrende Beiträge zur Geschichte.« – Ferner wurden fünf sowjetische Filme verboten. Wenn das so weitergeht, werde ich wie 1942 unter einer Decke Radio Moskau hören müssen.

Das »Sputnik«-Verbot war Honeckers Stalingrad.

Mein 7. Oktober 1989

Wieder einmal war ich (es gab den 40. Jahrestag der DDR) nicht anwesend, sondern in Buxtehude, eingeladen von einem freundlichen Buchhändler. Mit zwei Übernachtungen, so daß ich am 6. Oktober nach Cuxhaven fahren konnte, um endlich einmal die Nordsee und entweder Ebbe oder Flut zu erleben. Las aber unterwegs ein Schild »Wrackmuseum«, worauf ich mich sofort dorthin auf den Fußweg machte. Nicht ahnend, daß die »Wochenpost« später meine Seite darüber bringen würde. Anderntags fuhr ich zurück und nahm, weil es in Hamburg goß, einen Zug früher, der mich am Bahnhof Friedrichstraße in ein Vakuum führte, verursacht durch das Einreiseverbot für alle Westmenschen. Daher standen sieben Zöllner untätig, und einer rief: »Stecken Sie ihn nicht zu weit weg!« Er meinte den Paß.

Nun durfte ich auspacken. Nannte Wein, Buch und außerdem Käse, mit dem Zusatz »zum Essen«, weil sich unsereins der Pointen kaum enthalten kann. Er nahm das Buch und las den Klappentext. Es war Ralph Giordanos (in jungen Jahren hatte er für die »Wochenpost« geschrieben) »Die zweite Schuld oder Von der Last, Deutscher zu sein«. Ein Kapitel handelt vom »verordneten Antifaschismus in der DDR«, der mir längst lieber ist als gar keiner. Der Zoll ließ mir diese Schuld und griff sich den »Stern«; den hatte er fachmännisch erkannt, obgleich ich die Rätselseite nach außen gekehrt hatte, damit mein Sohn, der nie in den Westen durfte und gerade vom Urlaub aus Ungarn zurückgekehrt (!) war, den Beitrag über die Krankheiten der Politbüromitglieder lesen könnte. Den »Buxtehuder Anzeiger« aber erkämpfte ich mir zurück, sagte: »Diesen Ort gibt es wirklich«, was jener nicht verstand, und daß dieses Blatt wegen meiner Lesung in meinen Nachlaß gehöre, was er noch weniger verstand.

So fuhr ich nicht ganz geleert nach Hause. Noch tat sich nichts in der Schönhauser Allee. Nur bei uns an der Ecke stand ein Auto, aus dem mich drei dunkle Gestalten beäugten. Wie gewohnt. Wäre ich einen Zug später angekommen und hätte mir in der Bahn nicht alles gefallen lassen, wäre ich womöglich wie Heinrich Fink oder Manfred Butzmann belästigt und mißhandelt worden. Warum durften sich in der Gegend um die Gethsemanekirche Volkspolizisten auf Befehl von Antifaschisten verhalten wie SS-Leute?

Mein 9. November 1989

Nach der Demonstration vom 4. November, ich ging die ganze Strecke mit, ein Foto klebt seither neben meinem Schreibtisch, schien alles ruhiger. Am 9. führte ich mittags einen späteren Staatssekretär der Landesregierung von Niedersachsen durch die alten jüdischen Orte rings um die Große Hamburger Straße. Noch nicht von Geschichtsklitterern »Scheunenviertel« genannt. Wir verabschiedeten uns am Hackeschen Markt. Ich ging in die Oranienburger Straße und kam rechtzeitig zu dem jährlichen Gedenken an die Pogromnacht von 1938. Diesmal waren sehr viele gekommen. Zufällig stand ich neben Rabbiner Ernst Stein, der ein Netz voller Bücher hielt und mir erzählte, die könne man sich gratis mitnehmen aus der »Deutschen Bücherstube« am Oranienburger Tor.

Das war meinem Heimweg entgegengesetzt, doch ich eilte hin und stand vor dem Schaufenster, das zuvor noch nie so dekoriert worden war: Die »Reden und Aufsätze« von Erich Honecker, die »Ausgewählten Reden und Aufsätze« von Erich Mielke, Harry Tisch, Inge Lange, Mittag, Mückenberger und so weiter. Im Schaufenster über allem ein Glasaufsatz mit einem gut lesbaren Schildchen: »Alles umsonst«.

Ich nahm mir aber nichts, fuhr nach Hause. Im Fernsehen sahen wir uns die Pressekonferenz an, auf der Schabowski unabsichtlich die Mauer öffnete. Jetzt, vor Gericht, bettelt er um mildernde Umstände; wer ihn aber wie ich vor den Berliner Schriftstellern erlebte, wie er Ruth Werner, die sich ihn etwas zu fragen traute, über den Mund fuhr, der ist der Entwicklung dankbar, die uns vor diesem Karrieristen mit den kalten Augen bewahrte. Mein Versagen damals: man hätte aufstehen und die Versammlung verlassen sollen, auch auf Kosten der beruflichen Existenz.

Jedenfalls ging ich, recht müde, früh schlafen. Erwachte am Morgen durch die Nachricht meiner Frau, die Mauer wäre offen – ich glaubte das nicht, eilte termingerecht um acht Uhr zu meiner Augenärztin. Die kam aber nicht. Dr. Edeltraut Schmiedel, die bei ihren Patienten geblieben war, nie reisen durfte, obgleich sie auf Kongressen etwas zu bieten hatte. Sie kam gegen neun, übernächtigt, fiel mir um den Hals. War bis früh um vier am Ku-Damm gewesen. Wahnsinn. Nachdem sie mit meinen beiden Augen fertig war, erschien die Schwester mit drei Gläsern und einer Flasche. Zum ersten Mal in meinem Leben trank eine Ärztin mit mir roten Sekt. In der Sprechstunde.

»Herr Moses« und andere

Es begann mit Heines »Briefen aus Berlin«, denen ich eines Tages Sätze entnahm, die in unsere Gegenwart paßten, und setzte sie deutlich als Zitate in meine Feuilletons. Bei näherer Bekanntschaft mit Heines Briefen und Leben entdeckte ich, daß er zwölf Wochen in Postdam gewohnt hatte, und es offenbar nichts Zusammenhängendes über »Heine in Potsdam« gab. Also versuchte ich es. Ziemlich genau, auch durch Fritz Mendes »Heine Chronik« ist bekannt, was er dort las, woran er schrieb, welche Briefe er bekam, an wen er welche richtete – es waren wesentliche, ereignisreiche Wochen in Heines Leben. Die »Wochenpost« druckte es im Herbst 1972 in fünf Abschnitten; zusammenhängend steht es in »Das Lächeln der Zeitung« (1974).

Zu Heines 175. Geburtstag im Dezember 1972 fand in der Kongreßhalle am Alexanderplatz eine Festveranstaltung mit sämtlichen lebenden Heinrich-Heine-Preisträgern der DDR statt; unter uns Henryk Keisch, der 1938 im Pariser Exil den Heine-Preis der deutschen Emigranten bekommen hatte. Paul Wiens und ich moderierten, auch wenn dieses Wort noch ungebräuchlich war. Jeder las etwas von oder über Heine. Brillant Bruno Kaiser (1911–1982), der ankündigte, er läse das ganze Kapitel XII aus dem Buch »Le Grand« vor, das da lautet: »Die deutschen Censoren ....
.... Dummköpfe ....
.... «

Vielleicht glaubt uns das heute mancher nicht, doch es war so. Es gab ein großartiges Plakat, das wir alle für Interessenten signierten.

Vermutlich hatte es gerade wieder kulturellen Ärger gegeben, wann gab es ihn nicht?, so daß Paul Wiens zwar die Zeilen verfaßte, aber nicht neben uns auf der Bühne der »Distel« sitzen mochte, als wir zu fünft schlecht und recht sangen: »Von Heinrich ist bekannt /

er war nie im Schrift- / stellerverband. / So bekam er auch keine Medaille dafür / Heinrich, mir graut vor dir!« Es blieb mein einziger Auftritt in einem Kabarett.

Die Ost-Berliner Jüdische Gemeinde fragte verhalten an, ob ich zu Heines Geburtstag etwas lesen würde. Ich war eher verblüfft, wieso ich eingeladen wurde, ging gern hin und nutzte meinen zitatgespickten »Heine in Berlin«. Daraus entwickelte sich nicht nur eine anhaltend freundschaftliche Beziehung zu Hermann Simon, mittlerweile Direktor des Centrum Judaicum, und seinen Eltern Marie und Heinrich Simon, sondern auch zum damaligen Gemeinde-Vorsitzenden Peter Kirchner und seiner Frau Renate, die mir noch vor Gründung der Bibliothek der Jüdischen Gemeinde aus ihrem Privatbesitz Bücher liehen, denn mittlerweile hatte Chefredakteur Neheimer angeregt, ich möge doch so wie über Heine über Moses Mendelssohn schreiben. Ich dachte an eine Zeitungsseite. Kannte den Freund Lessings dem Namen nach und durch ein ergötzliches Feuilleton, mit dem er in meine Sammlung »Allerlei Spielraum« (1973) gelangte. Ich kannte auch sein Scheingrab in der Großen Hamburger Straße, das mir der Denkmalspfleger bei einer Rundfahrt gezeigt hatte, zum Dank dafür, daß ich über die von ihm vorm Verfall gerettete Marienstraße in der »Wochenpost« geschrieben hatte. Ohne Auftrag; sie war mir bei einem Genesungs-Spaziergang aus der Charité aufgefallen. So holte mich Herr Moses auf mehreren Wegen zu sich. Und führte mich später nach Hamburg und Wien, Tübingen und Wolfenbüttel, Haifa, Jerusalem und Tel Aviv. 1977 erzählte ich in Riga dem betagten, von jeder Regierung behinderten jüdischen Dichter Mark Rasumny von meiner Arbeit am »Herrn Moses«. Wenn je ein Satz in meinem Leben eintraf, dann ist es Rasumnys: »Wir Juden sind dankbar.«

Kurios sind die Varianten der »Herr Moses«-Ausgaben. 1979 in der DDR, 1982 als Lizenz im Westen, nach 1991 wegen umstrittener Verlagsrechte (ohne Anhörung des Autors) mehrfach vor Gericht, deshalb 1993 in alter Fassung neu, 1996 mit alten Druckfehlern als Taschenbuch, 1997 in korrigierter Fassung.

Ebenfalls durch Kirchners, die ihre Gemeinde allen Interessierten kulturell öffneten, kam es zu meiner Mitarbeit an dem Büchlein zum 100jährigen Bestehen des Jüdischen Friedhofs in Berlin-Weißensee. Später ein gut bebilderter Band; aber West-Berlin mußten wir weglassen. Erst 1991 vollständig: »Jüdische Friedhöfe in Berlin«.

Von einem in West-Berlin verlegten Historischen Stadtplan stammt meine Entdeckung der Rosa-Luxemburg-Freundin Mathilde Jacob; doch blieb dem Buch über die »Unperson« ein Jahr lang die Druckgenehmigung vorenthalten. Einzelheiten, die hier zu ausführlich wären, stehen seit 1991 in den Neuausgaben der jeweiligen Bücher.

In »Stadtmitte umsteigen« (1982), das ungeachtet seines anstößigen Titels erschien, weil Große Kurfürsten keine öffentlichen Verkehrsmittel benutzen, in »Stadtmitte« steht seit 1995 das einst gestrichene Kapitel über meine Beteiligung beim Mauerbau im September 1961.

»Der beherzte Reviervorsteher« bekam Ehrengrab und 1995 seine Gedenktafel – so habe ich mit Büchern insgesamt vier Tafeln im Berliner Straßenbild verursacht. Ohne für ihren Text zu können.

»Der arme Epstein – Wie der Tod zu Horst Wessel kam« konnte erst nach 1991 erscheinen. »Die Suppenlina« als vermutlich mein letztes Buch zur jüdischen Thematik, wurde 1997 veröffentlicht, obgleich ich die Begründerin der Berliner Volksküchen (1866) schon seit 1979 von ihrem Grabstein kannte. Aber Volksküchen waren bis 1990 für uns kein Thema ...

Mich reizte stets, nur über etwas zu schreiben, mit dem sich andere noch nicht beschäftigt hatten. Ausgenommen Moses Mendelssohn, aber wer kannte ihn in der DDR? Dann jemanden zu zeigen, der wiederbelebt zu werden verdiente wie Lina Morgenstern oder verschwiegen worden war wie Mathilde Jacob. Wen kümmerte der 1935 handbeilgeköpfte Sally Epstein? Wer wußte, wie der beherzte Synagogenretter und Reviervorsteher hieß? Niemanden hatte die Immanuelkirchstraße interessiert, in der ein Fräulein Bauer wohnte, das täglich mehrere Briefe von einem Franz Kafka aus Prag bekam, der wiederum anfragte: »Und wer war Immanuel Kirch?«

Warum schrieb zuvor niemand darüber?! So entstanden meine Bücher über das verschwundene jüdische Berlin, weil ich davon so gut wie nichts wußte. Niemand verlangte sie von mir, also nahm ich mir die Zeit für langwierige Recherchen. Dabei halfen die beiden

Deutschen Staatsbibliotheken in Ost- und West-Berlin. Jene Unter den Linden ernannte mich Ende 1981 zum »Ehrenleser auf Lebenszeit« – sie dauerte bis zum 17. Dezember 1992. Da wurde dieses hilfreiche Privileg aufgehoben von der maßgebend Übriggebliebenen, über deren Unterstützung meiner Vorhaben ich mich bis heute nicht beklagen kann. Nur das »auf Lebenszeit« mahnt unsereins zu Lebzeiten, sich nicht auf alles zu verlassen. Das hatte ich bereits in der Schule erlebt, wenn auch dort nicht gelernt.

Ein Buch schreiben darüber, womit sich noch niemand beschäftigt hat? Hier, bitteschön, ist es.

Dankzettel

Man zähle bitte hierzu alle in den »Dankzetteln« meiner vorhergegangenen Bücher Erwähnten. Darüber hinaus: Walter Heilig, der Mit-Lehrling von 1942, dem ich 1948 meinen Anfang im Berliner Verlag verdanke. Dort blieb ich mein Arbeitsleben lang, bis ich Ende September 1991 ausschied. Damit auch aus der veränderten »Wochenpost«.

Ursula Frölich (heute Frölich-Sommermann) kam 1960 ins Feuilleton, litt mit mir oft unter Forderungen unserer Chefs, blieb unverdrossen und dermaßen zuverlässig, wie es unsere Sache verlangte; wurde dann eines Tages Vorgesetzte desjenigen, der nichts weiter tat, als wöchentlich sein Feuilleton abzuliefern, das sie als Abteilungsleiterin öfters bei der Chefredaktion vehement verteidigte, manchmal auf verlorenem Posten.

Evelin Bethmann (heute Biedermann) suchte, fand und hatte als Bibliothekarin im Berliner Verlag immer genau das, was ich brauchte.

Brigitte Zimmermann kam 1982 als neue Chefredakteurin zur »Wochenpost«. Wir mochten uns recht eigentlich nicht. Sie änderte zu viel in meinen, zugegeben oft mehrdeutigen Texten, behinderte jedoch nie meine Reisen, ob nach Kreuzberg, Chicago oder Jerusalem. Heute mögen wir uns besser leiden.

»Mit beiden Augen« hatte jede Woche mehr Leserinnen und Leser als eine Buchauflage (und die war früher manchmal fünfstellig). So viele Briefe. Deren Absender wußten damals nicht, wie wertvoll und beflügelnd ihre Zeilen waren, mit denen sie mir den Rücken stärkten für das, was sie sich nächste Woche auch zwischen meinen Zeilen holen würden. Das war nicht immer anzüglich: ich wollte freundlichen Umgang miteinander befördern, Humanismus und Lebensweisheit, Allgemeinbildung mit Blick in die Vergangenheit und die Welt. Daß ich dafür noch heute Briefe bekomme, macht mich froh.

Und gerne an Leserinnen und Leser weitergegeben: Gleichzeitig mit diesem erscheint ein Buch meines Kollegen Klaus Polkehn: »Das war die Wochenpost. Geschichte und Geschichten einer Zeitung« (Berlin 1997).

Nicht zuletzt sei für über vier gemeinsame Jahrzehnte Helga Knobloch *Dank* gesagt, die mir mein intensives Berufsleben überhaupt ermöglichte, dabei immer großzügig blieb.

Dieses Buch gibt es nur wegen freundlichen Drängelns bei einem köstlichen Fischessen – das macht mich schwach – mit den beiden :Transit-Menschen Gudrun Fröba und Rainer Nitsche, die mir im Mai schon den bereits fertigen Einband präsentierten mitsamt der Lobreden für den Buchhandel. Das lähmte meine Kräfte derart, daß ich anstatt in den Ruhekahn in unsere gemeinsame Galeere stieg und in fünf Monaten das Manuskript abschloß. Helf er sich.

Berlin, am 3. September 1997 *H. K.*

Personenregister

Abendroth, Hermann 43
Acheson, Dean 30
Adenauer, Konrad 39
Andersen-Nexö, Martin 27
Armstrong, Louis 114
Auburtin, Victor 72, 79, 107
Baum, Herbert 75
Balser, Ewald 14
Bartsch, Horst 96
Becher, Lilly 80
Berg, Henryk 40 f.
Bethge, Christel 85, 93
Bieler, Manfred 95
Biermann, Wolf 100 f.
Bloch, Ernst 71
Bräutigam, Karl Otto 103
Brandt, Heinz 59 f.
Branstner, Gerhard 93
Braun, Günter 95
Braun, Johanna 95
Braun, Otto 86 ff., 117
Braun, Rita 86
Bredel, Willi 87
Budzislawski, Hermann 100 f.
Büttner, Henri 93
Butzmann, Manfred 119
Cäsar, Julius 12
Chruschtschow, Nikita 58
Deicke, Günther 94
Deutschkron, Inge 117
Dubček, Alexander 82
Duchrow, Alfred 41
Eberlein, Sibylle 105

Ebert, Friedrich 23
Eisler, Gerhart 70
Eisler, Hilde 80
Ernst, Hans 33, 35 f., 76 f.
Erpenbeck, John 54
Ewert, Margot 112
Fink, Heinrich 119
Fischl, Otto 39
Fontane, Theodor 36, 57, 77
Frank, Anne 12
Fröhlich, Paul 71
Gauck, Joachim 95, 103 f.
Geggel, Heinz 111
Giordano, Ralph 119
Goebbels, Joseph 56, 69
Görne, Annemarie 112
Grass, Günter 87
Grau, Julius 15 f.
Greiser, Rudolf 24
Greulich, E. R. 68, 87
Grotewohl, Otto 61, 107
Grosz, George 34
Hald, Bruno 93
Hampton, Lionel 114
Harych, Theo 80
Hašek, Jaroslav 46
Haupt, Klaus 24
Heimlich, Dieter 96
Havemann, Robert 61
Heine, Heinrich 51, 121 f.
Herbst, Heinrich 28
Hermlin, Stephan 87
Herrmann, Joachim 34
Herrnstadt, Rudolf 64 f.

Herzfelde, Wieland 72, 86
Heilig, Walter 125
Heym, Stefan 109
Hindenburg, von, Reichspräsident 11, 52
Hitler, Adolf 11 f., 26, 50 ff., 59, 63, 98, 104
Hönig, Bernhard 112, 114
Höpcke, Klaus 71, 116
Hofé, Günter 94
Hoffmann, E. T. A. 63
Honecker, Erich 116, 120
Honigmann, Georg 65
Huelsenbeck, Gisela 34 f., 38
Huelsenbeck, Richard 34
Jastram, Jo 85, 92
Joho, Wolfgang 80
Kaiser, Bruno 114, 121
Käpernick, Oberleutnant 98 ff.
Kafka, Franz 76, 123
Kaul, Karl Friedrich 109
Keilhaus, Fred 44 f.
Kegel, Gerhard 29 f.
Keisch, Henryk 121
Kerckhoff, Susanne 65
Kertzscher, Günter 65
Kirchner, Peter 122 f.
Kirchner, Renate 122
Kisch, Egon Erwin 63, 76, 78
Klein, Horst 62, 69 f.

Knobloch, Dagmar 94
Knobloch, Daniel 94, 118
Knobloch, Helga 47, 61, 72, 76, 99, 102 f.
Kotikow, Alexander 21 f.
Krahl, Siegfried 73 f.
Kretzschmar, Ingeburg 87
Krumbholz, Eckart 96, 101, 116
Kuczynski, Jürgen 66
Kühn, Lotte 27
Kunze, Reiner 79 ff., 86, 96, 98
Kurz, Josef 73
Lamberz, Werner 105
Lange, Inge 120
Langhoff, Wolfgang 51
Langspach, Ursula 86
Lenin, Wladimir I. 58, 72, 86, 88, 118
Linde, Günter 67
Leupold, Hermann 24 ff., 29, 35, 50, 66 f.
Loest, Erich 109
Lüdecke, Heinz 65
Madrasch, Ursula 100 f.
Mann, Heinrich 82
Mayer, Hans 71
Mehlberg, Emma 55
Meißgeier, Siegfried 78, 94 ff.
Mende, Fritz 121
Mendelssohn, Moses 117, 122, 123
Meyer-Scharffenberg, Fritz 85
Mielke, Erich 120

Mittag, Günter 120
Mückenberger, Erich 120
Moses-Krause, Peter 103
Müller, Heiner 116
Mundstock, Karl 80
Nell, Peter 68
Neheimer, Kurt 100, 104 f., 122
Neumann, Franz 49
Norden, Albert 100
Otten, Hans 78, 92
Peet, John 56 f.
Pfeiffer, Rolf 110
Pieck, Wilhelm 39 f.
Polkehn, Hugo 25
Polkehn, Klaus 105
Preuß, Hans 33
Rajk, Laszlo 66
Rasumny, Mark 122
Rebelsky, Klaus 110 f.
Rehahn, Rosemarie 96
Reuter, Ernst 23
Rothschild, Recha 58
Schabowski, Günter 120
Schälike, Fritz 58
Schäfer, Paul Kanut 24
Schellenberger, Johannes 86
Schindler, Friedrich 69
Schmiedel, Edeltraut 120
Schmietendorf, Hans 84
Schmuckler, Arno 68
Schröder, Dieter 103
Selbmann, Fritz 62
Simon, Hermann 122
Simon, Heinrich 122

Simon, Marie 122
Spitzer, Daniel 106
Stalin, Josef 23, 49, 51 f., 57 ff., 68, 109
Steiger, Johannes 83
Stein, Ernst 120
Steinberg, Werner 94
Stephenson, Carl 70
Steyer, Elfriede 112
Stillmann, Günter 73 ff.
Stolp, Kurt 66
Strauß, Johann 52
Strittmatter, Erwin 80, 87, 99
Sturm, Horst 60
Suhr, Otto 23
Thälmann, Ernst 81, 117
Tisch, Harry 120
Tucholsky, Kurt 46, 80, 99 f.
Ulbricht, Walter 26, 49, 64, 88, 104, 107, 112
Vogel, Hans-Jochen 103
Victor, Walther 68, 86
Walther, Joachim 96 f., 100
Wedel, Käthe 106
Weinert, Erich 41
Welk, Ehm 69
Wendt, Erich 27
Werner, Ruth 120
Wetzel, Rudi 71
Wiens, Paul 80, 88, 122
Wolff, Theodor 65
Würfel, Wolfgang 106 f.
Zinna, Ernst 60
Zinner, Hedda 80
Zola, Emile 82
Zweig, Arnold 36